颜真卿《多宝塔碑》

书法经典示范

罗浩 主编

赵亮 编著

长江出版传媒
湖北美术出版社

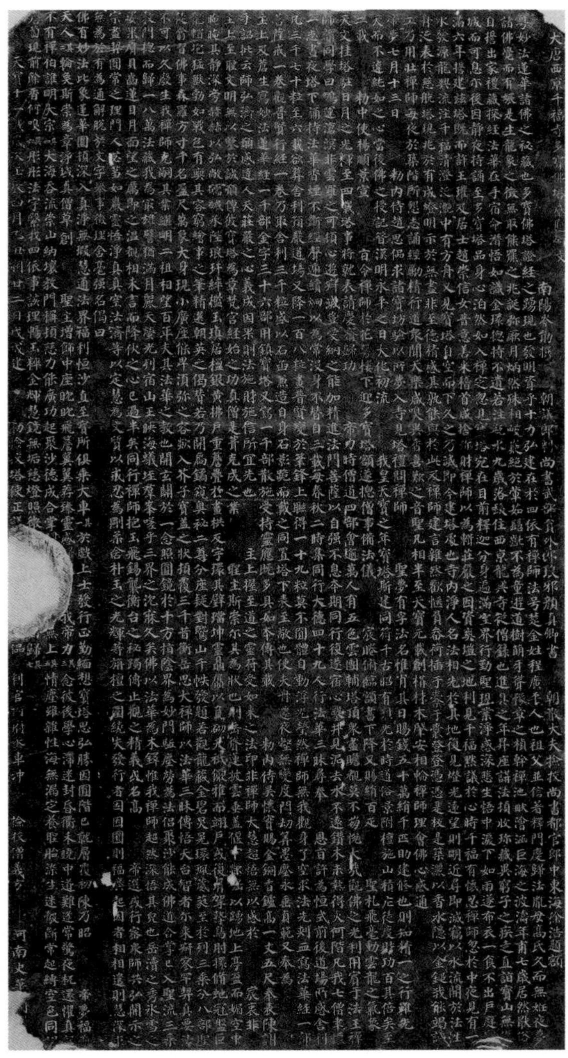

目录

《多宝塔碑》简介

颜真卿（709—784年），字清臣，别号应方，京兆万年（今陕西西安）人，唐代著名政治家、书法家。曾四次被任命为监察御史，后因受权臣杨国忠排斥，被贬为平原太守，人称『颜平原』。唐代宗时官至吏部尚书、太子太师，封鲁郡公，人称『颜鲁公』。颜真卿创立了『颜体』楷书，与赵孟頫、柳公权、欧阳询并称『楷书四大家』。

颜真卿的书法初学褚遂良，后又得笔法于张旭。其楷书一反初唐书风，结字由初唐的瘦长变为方形，方中见圆。用笔浑厚强劲，善用中锋笔法，饶有筋骨，亦有锋芒，一般横画略细，竖画、点画、撇画与捺画略粗。这种风格也体现了大唐帝国的风度，创造了新的时代书风。颜真卿与柳公权并称『颜柳』，有『颜筋柳骨』之誉。

《多宝塔碑》，天宝十一年（752年）刻于陕西兴平县千福寺，宋代移入西安碑林，今尚存。高285厘米，宽102厘米，为岑勋撰文，颜真卿书写，史华刊石。碑首题『大唐西京千福寺多宝佛塔感应碑文』，正书34行，每行66字。此碑反映了颜真卿早期的书法风貌，字体工整细致，结构规范严密，用笔一丝不苟，是后人初学楷书的极佳范本。

《多宝塔碑》用笔多中锋，起笔和收笔有明显的顿按。起笔藏锋为主，兼用露锋，方圆并用。有些横画起笔较为外露，多不似柳书的齐头方脚，而是稍存斜尖。收笔用顿笔和回锋的较多，强调『护尾』。横画写至收笔处，常向右下方重按，顿笔回锋，体现出颜体的雄浑、大气之韵；竖画粗壮，浑厚力强。临习此碑应注意用笔的提按转折、结构的内紧外松和上紧下松，细心观察，仔细研究其用笔特点及结构规律，避免内部过于疏朗而流于松散，字形也不可过于方正，而呆板无神。

笔画篇

《多宝塔碑》笔画瘦劲，多骨少肉而不丰腴；横细直粗，折画多变。用笔多为中锋，起笔和收笔顿按明显。

短横

①向左逆锋起笔。
②向右下顿笔。
③笔锋调至中锋。
④向右行笔，略向上倾斜，呈左低右高之势。
⑤末端向右上提笔后向右下顿笔，向左上回锋收笔。

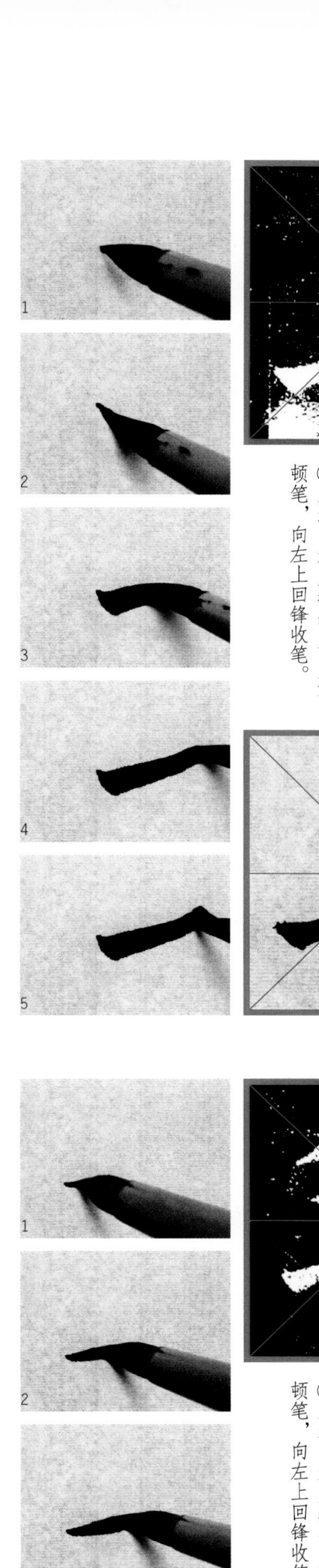

长横

①向左逆锋起笔。
②向右下顿笔。
③笔锋调至中锋。
④向右行笔，略向上倾斜，呈左低右高之势。
⑤末端向右上提笔后，向右下顿笔，再向左上回锋收笔。

左尖横

①顺锋起笔。
②向右行笔。
③渐行渐按。
④略向上倾斜，呈左低右高之势。
⑤末端向右上提笔后向右下顿笔，向左上回锋收笔。

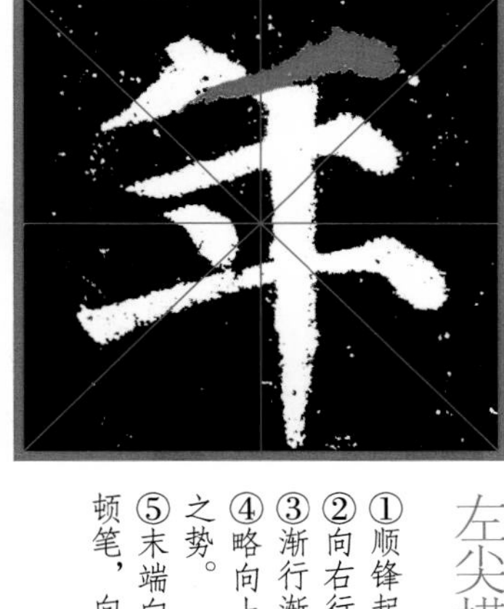
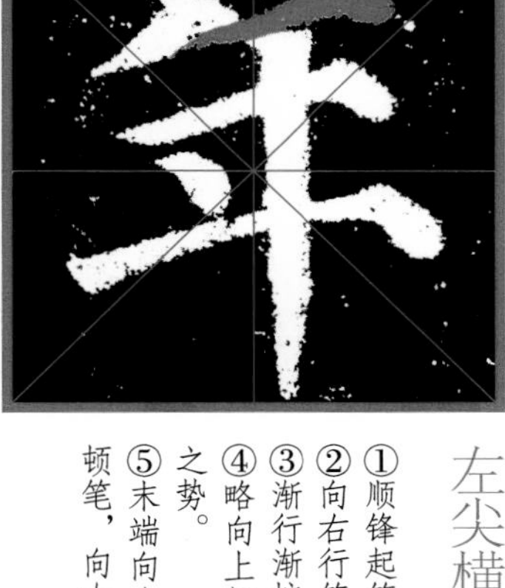

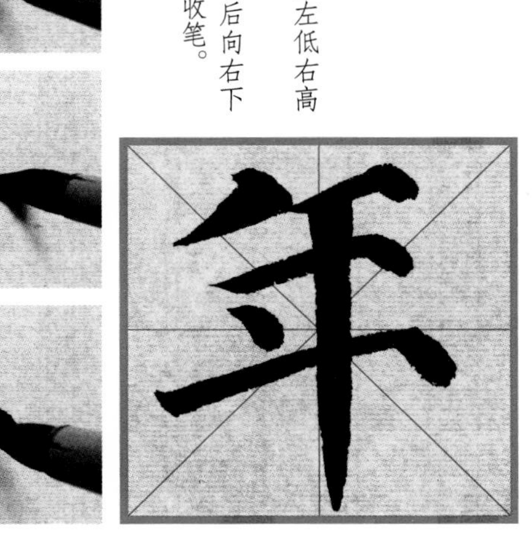

垂露竖

①向左上逆锋起笔。
②向右下顿笔。
③笔锋调至中锋。
④向下行笔。
⑤末端向左下提笔后向下顿笔。
⑥向右上回锋收笔。

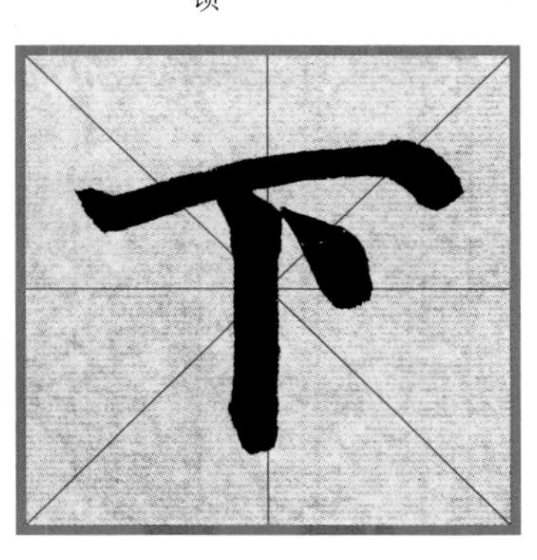

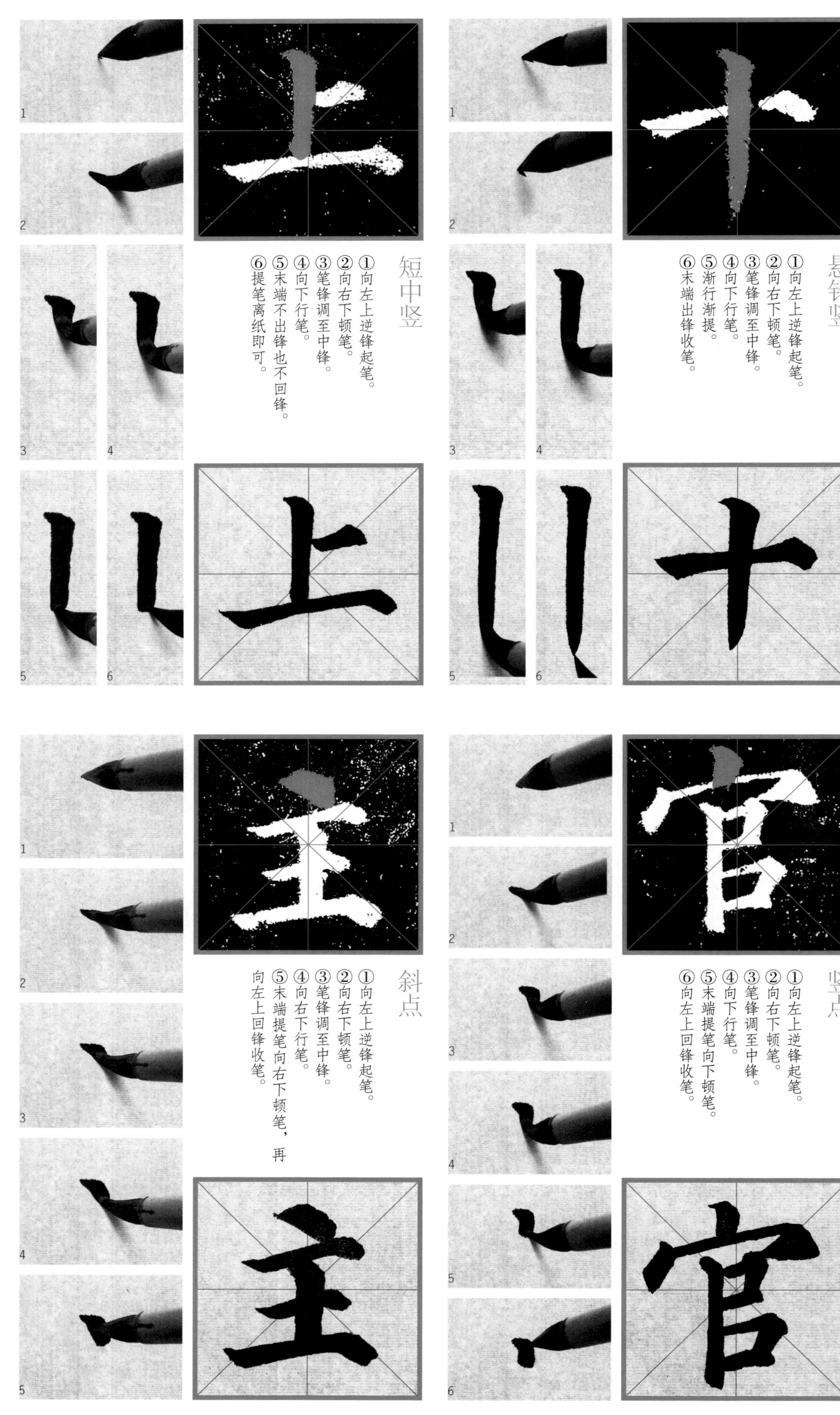

短中竖

①向左上逆锋起笔。
②向右下顿笔。
③笔锋调至中锋。
④向下行笔。
⑤末端不出锋也不回锋。
⑥提笔离纸即可。

悬针竖

①向左上逆锋起笔。
②向右下顿笔。
③笔锋调至中锋。
④向下行笔。
⑤渐行渐提。
⑥末端出锋收笔。

斜点

①向左上逆锋起笔。
②向右下顿笔。
③笔锋调至中锋。
④向右下行笔。
⑤末端提笔向右下顿笔，再向左上回锋收笔。

竖点

①向左上逆锋起笔。
②向右下顿笔。
③笔锋调至中锋。
④向下行笔。
⑤末端提笔向下顿笔。
⑥向左上回锋收笔。

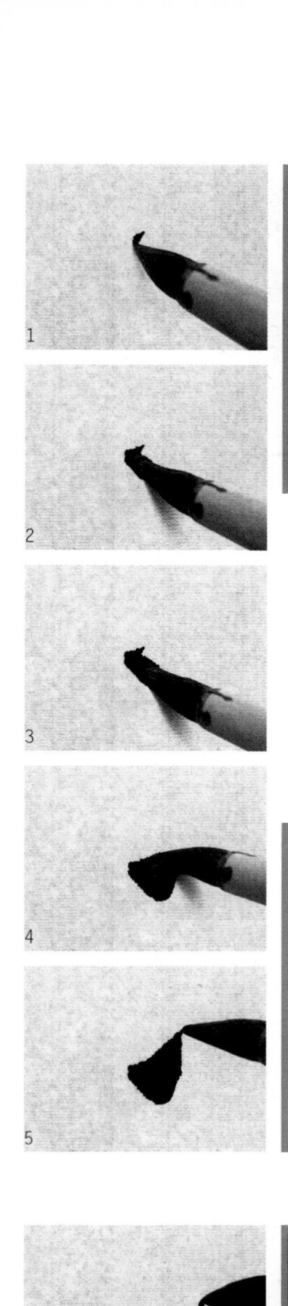

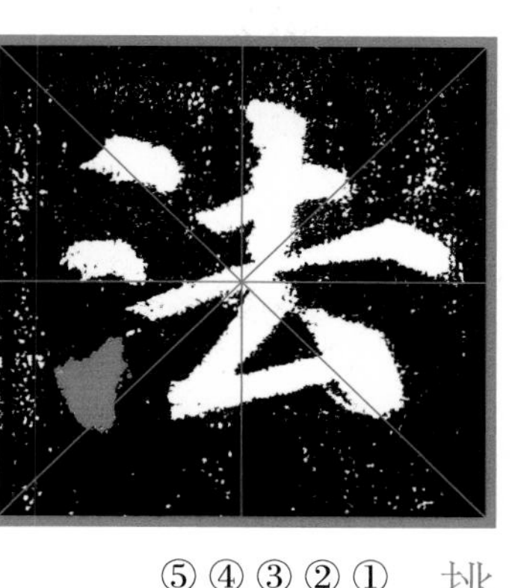
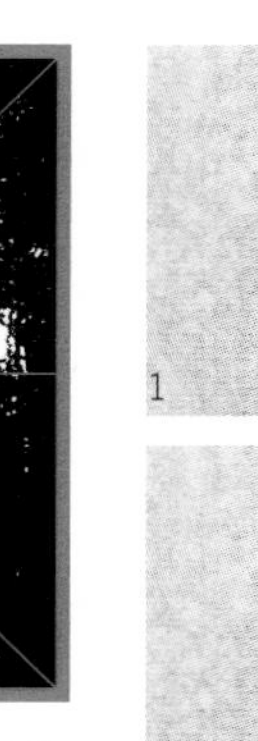

挑点

①向左下逆锋起笔。
②向右下顿笔。
③向右下铺毫。
④向右上行笔，渐行渐提。
⑤出锋收笔。

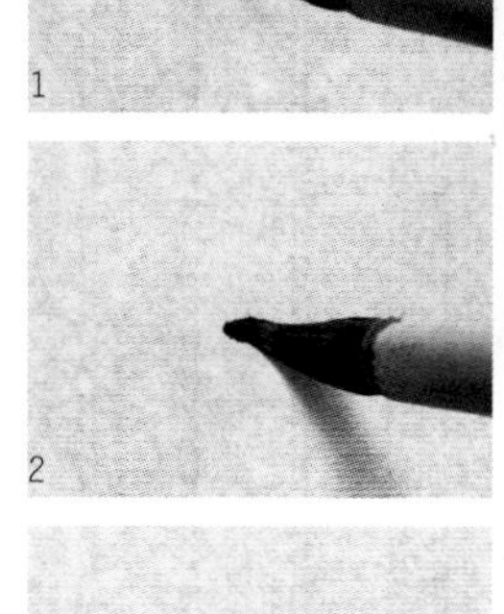
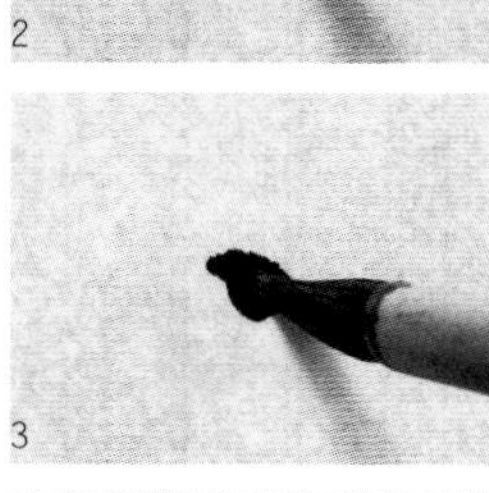
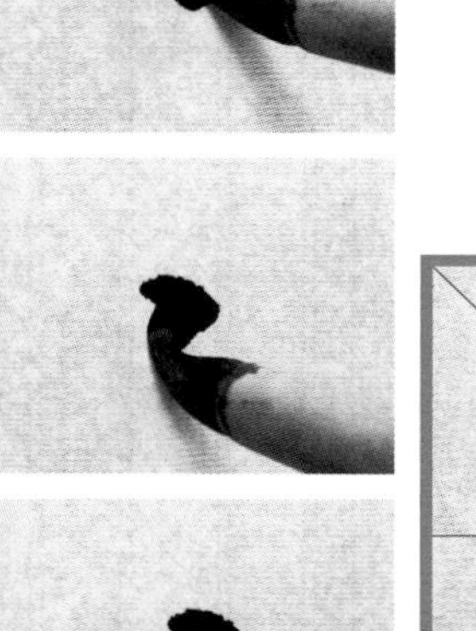

撇点

①向左上逆锋起笔。
②向右下顿笔。
③向右下铺毫。
④向左下行笔，渐行渐提。
⑤出锋收笔。

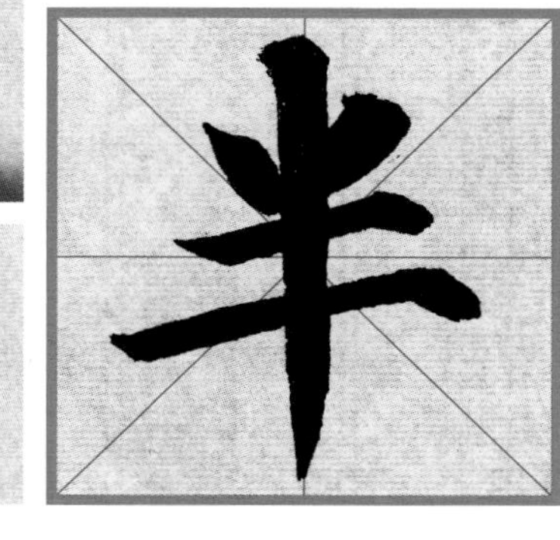
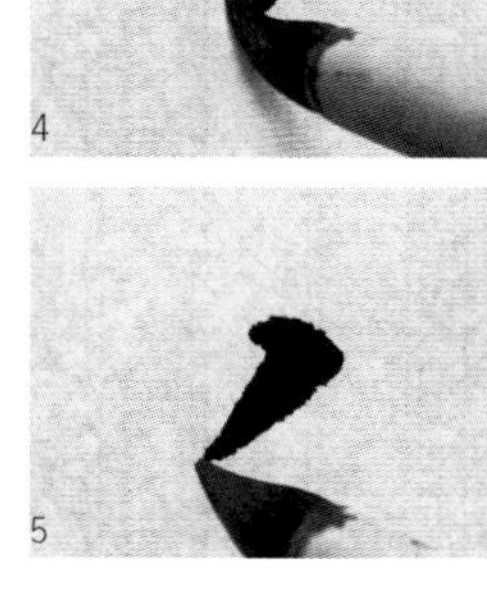
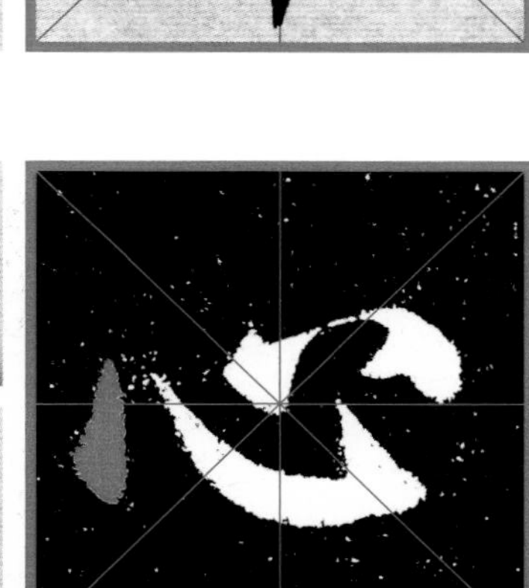
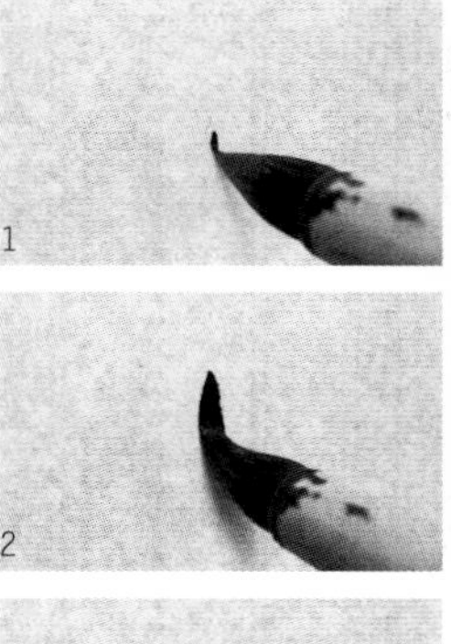
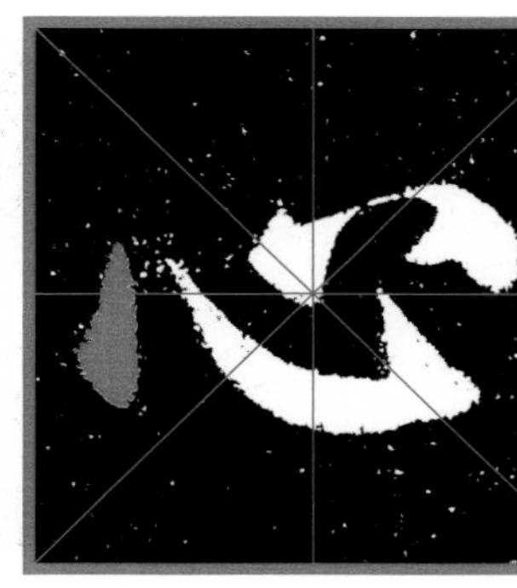
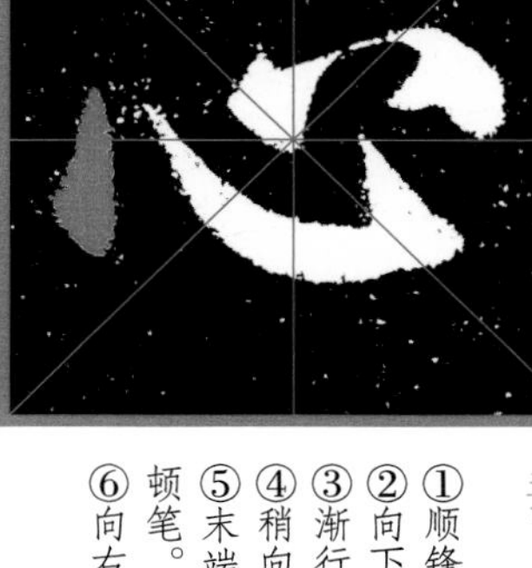

斜撇

①向左上逆锋起笔。
②向右下顿笔。
③笔锋调至中锋。
④向左下行笔。
⑤渐行渐提。
⑥出锋收笔。

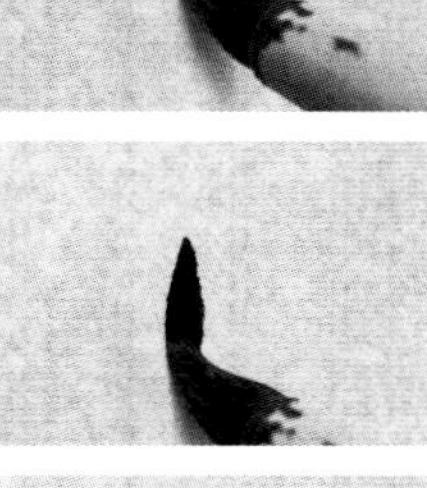
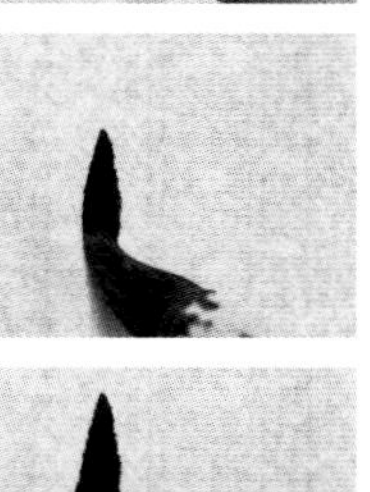

垂点

①顺锋起笔。
②向下行笔。
③渐行渐按。
④稍向左倾斜。
⑤末端向左下提笔后向右下顿笔。
⑥向右上回锋收笔。

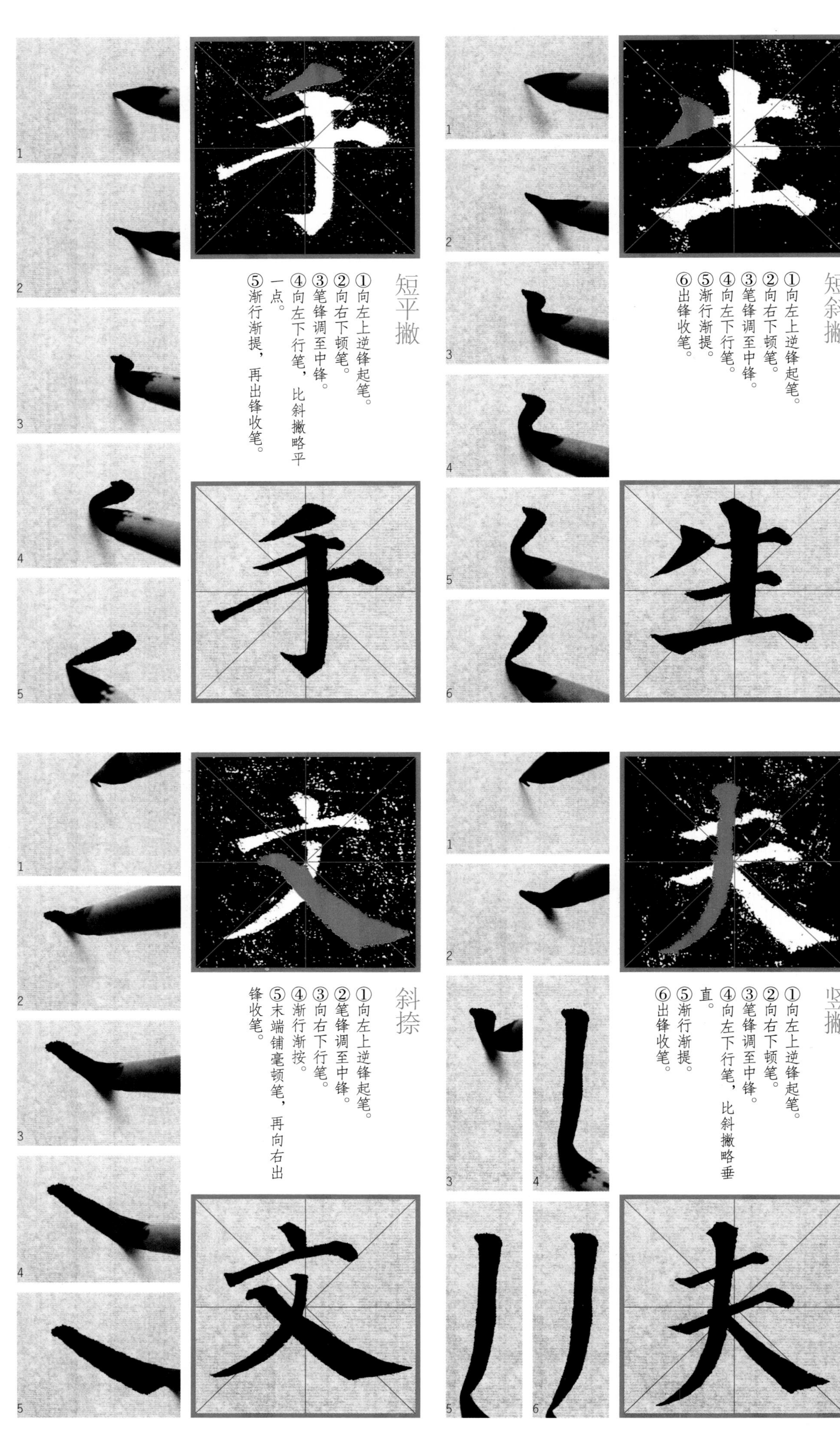

短斜撇

①向左上逆锋起笔。
②向右下顿笔。
③笔锋调至中锋。
④向左下行笔。
⑤渐行渐提。
⑥出锋收笔。

短平撇

①向左上逆锋起笔。
②向右下顿笔。
③笔锋调至中锋。
④向左下行笔，比斜撇略平一点。
⑤渐行渐提，再出锋收笔。

竖撇

①向左上逆锋起笔。
②向右下顿笔。
③笔锋调至中锋。
④向左下行笔，比斜撇略垂直。
⑤渐行渐提。
⑥出锋收笔。

斜捺

①向左上逆锋起笔。
②笔锋调至中锋。
③向右下行笔。
④渐行渐按。
⑤末端铺毫顿笔，再向右出锋收笔。

平捺

①向左逆锋起笔。
②回锋向右上行笔一小段。
③向右下行笔，渐行渐按。
④末端铺毫顿笔。
⑤向右出锋收笔。

反捺

①向左上逆锋起笔。
②笔锋调至中锋。
③向右下行笔，渐行渐按。
④末端向右下顿笔。
⑤向左上回锋收笔。

横钩

①向左逆锋起笔。
②向右下顿笔。
③笔锋调至中锋。
④向右行笔，略向上倾斜，呈左低右高之势。
⑤末端向右上提笔后向右下顿笔。
⑥向左下蓄势出钩。

竖钩

①向左上逆锋起笔。
②向右下顿笔。
③笔锋调至中锋。
④向下行笔。
⑤末端向下顿笔。
⑥回锋向左上蓄势出钩。

横折钩

①向左逆锋起笔。

②向右下顿笔。

③笔锋调至中锋后向右行笔，略向上倾斜，呈左低右高之势。

④横画末端向右下顿笔。

⑤调至中锋后向左下行笔。

⑥末端顿笔，蓄势出钩。

弯钩

①向左上逆锋起笔。

②向右下顿笔。

③笔锋调至中锋。

④向右下呈弧线行笔。

⑤末端向下顿笔。

⑥回锋向左上蓄势出钩，起笔处和起钩处应在同一竖直线上。

横折弯钩

①向左逆锋起笔。

②向右下顿笔。

③笔锋调至中锋向右行笔，略向上倾斜，呈左低右高之势。

④横画末端向右下顿笔后向左下行笔。

⑤至转弯处圆转向右写横画。

⑥末端顿笔，蓄势出钩。

竖弯钩

①向左上逆锋起笔。

②向右下顿笔。

③笔锋调至中锋。

④向左下行笔，略向左倾斜。

⑤至转弯处圆转向右写横画。

⑥末端顿笔，蓄势出钩。

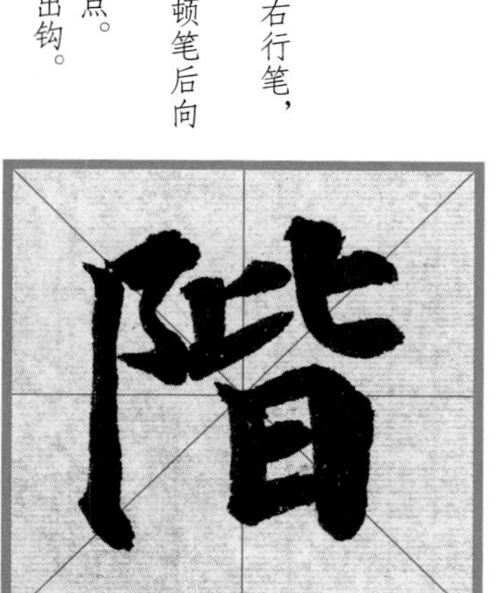

左耳钩

①向左逆锋起笔。
②向右下顿笔。
③笔锋调至中锋向右行笔，呈左低右高之势。
④横画末端向右下顿笔后向左下行笔成短撇。
⑤向右下行笔成斜点。
⑥末端顿笔，蓄势出钩。

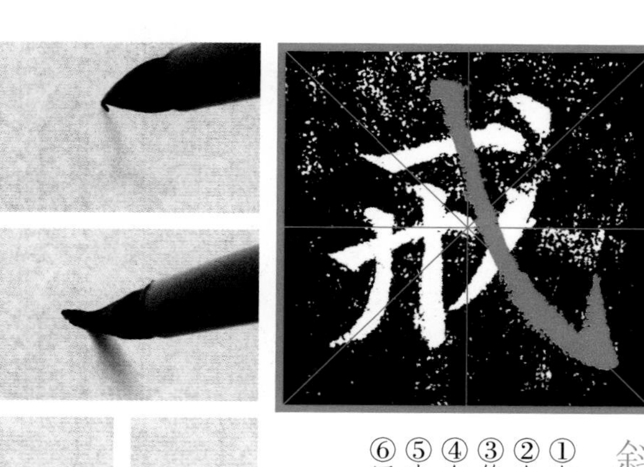

斜钩

①向左上逆锋起笔。
②向右下顿笔。
③笔锋调至中锋。
④向右下呈弧线行笔。
⑤末端向右下顿笔。
⑥回锋向上，蓄势出钩。

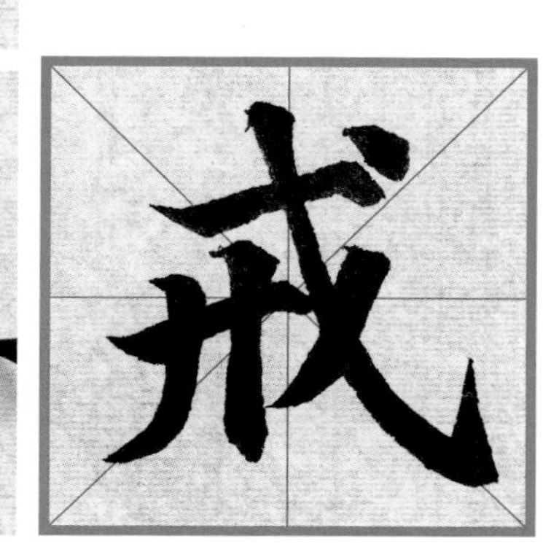

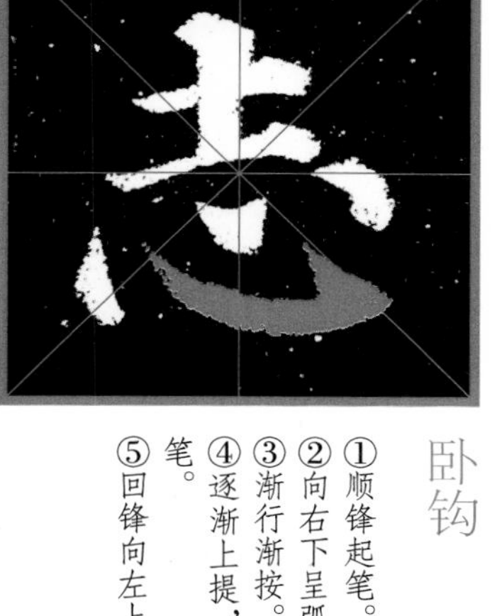

卧钩

①顺锋起笔。
②向右下呈弧线行笔。
③渐行渐按。
④逐渐上提，末端向右下顿笔。
⑤回锋向左上蓄势出钩。

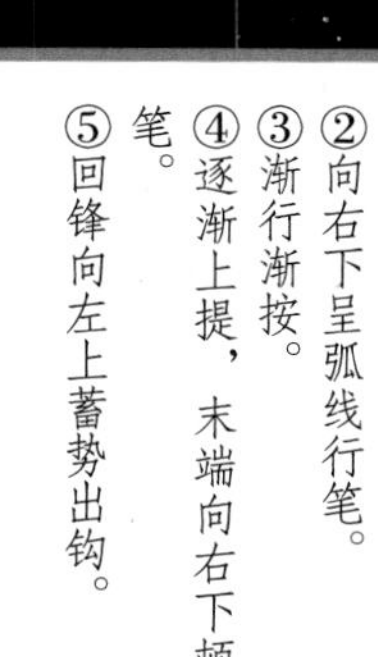

右耳钩

①向左逆锋起笔。
②向右下顿笔。
③笔锋调至中锋向右行笔，略向上倾斜，呈左低右高之势。
④横画末端向右下顿笔后向左下行笔成短撇。
⑤向右下行笔成斜点。
⑥末端顿笔，蓄势出钩。

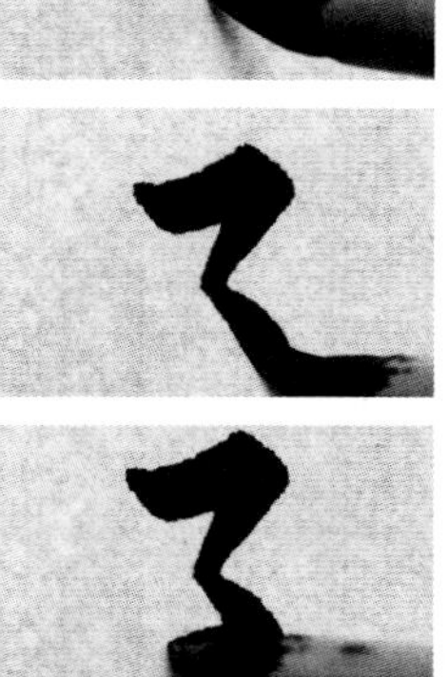
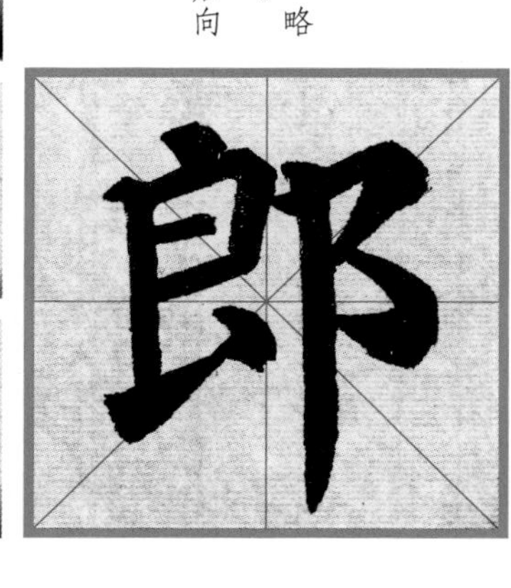

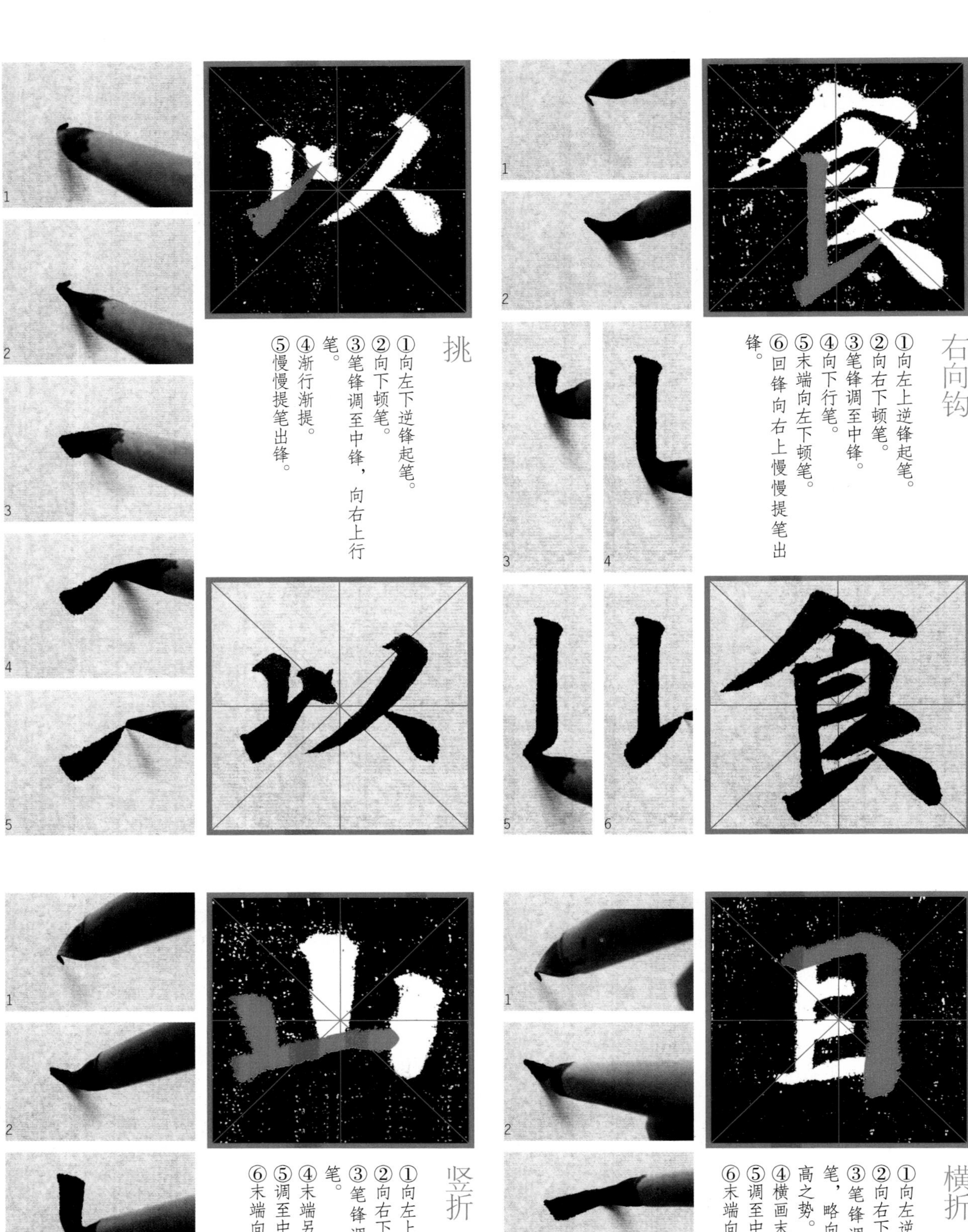

右向钩

①向左上逆锋起笔。
②向右下顿笔。
③笔锋调至中锋。
④向下行笔。
⑤末端向左下顿笔。
⑥回锋向右上慢慢提笔出锋。

挑

①向左下逆锋起笔。
②向下顿笔。
③笔锋调至中锋，向右上行笔。
④渐行渐提。
⑤慢慢提笔出锋。

横折

①向左逆锋起笔。
②向右下顿笔。
③笔锋调至中锋后向右行笔，略向上倾斜，呈左低右高之势。
④横画末端向右下顿笔。
⑤调至中锋后向下行笔。
⑥末端向左上回锋收笔。

竖折

①向左上逆锋起笔。
②向右下顿笔。
③笔锋调至中锋后向下行笔。
④末端另逆锋起笔。
⑤调至中锋，向右行笔。
⑥末端向左回锋收笔。

横折折撇

①向左上逆锋起笔。
②向右下顿笔。
③笔锋调至中锋后向右行笔，呈左低右高之势。
④横画末端顿笔，再向左写撇画。
⑤向右行笔成一短横，末端向右下顿笔后再写长撇。

撇折

①向左上逆锋起笔。
②向右下顿笔。
③笔锋调至中锋后向左下行笔。
④至末端后向右下顿笔。
⑤调至中锋向右上行笔，渐行渐提。
⑥出锋收笔。

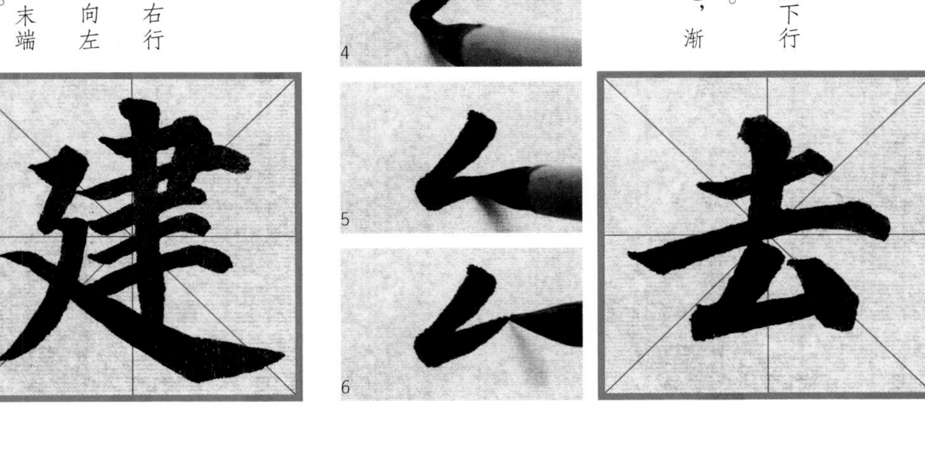

撇点

①向左上逆锋起笔。
②向右下顿笔。
③笔锋调至中锋后向左下行笔，渐行渐提。
④至转折处，向右下行笔。
⑤渐行渐按。
⑥末端向左上回锋收笔。

竖弯

①向左上逆锋起笔。
②向右下顿笔。
③笔锋调至中锋，向下行笔。
④至转弯处圆转向右写横画。
⑤末端向左回锋收笔。

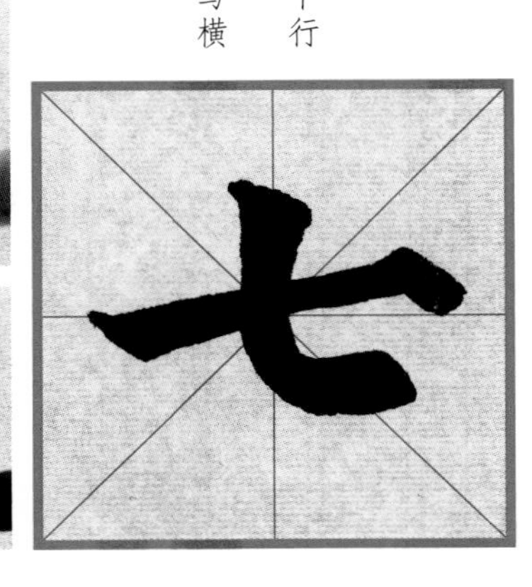

部首篇

《多宝塔碑》部首中，横、竖笔画粗细对比鲜明，富有节奏、韵律美感；撇画轻盈挺健；捺画粗壮有力，捺脚极长，顿挫后踢出开放，含蓄而有峻利之感。

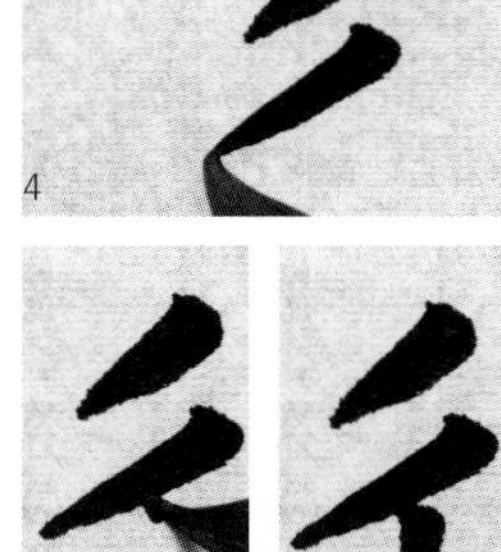

双人旁

两撇起笔处在同一条竖直线上，上撇短，下撇长，倾斜角度略有不同，竖画为垂露竖。

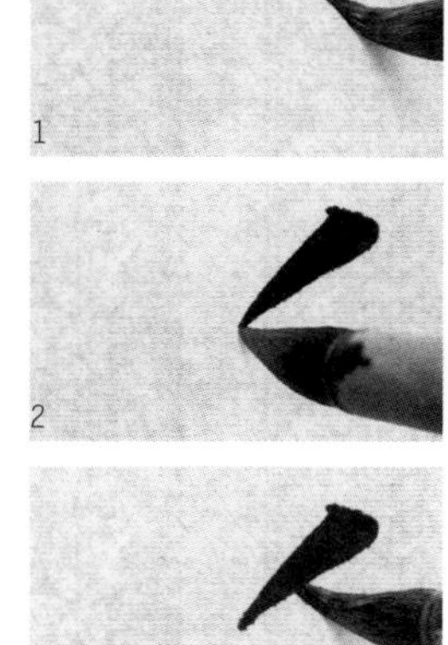

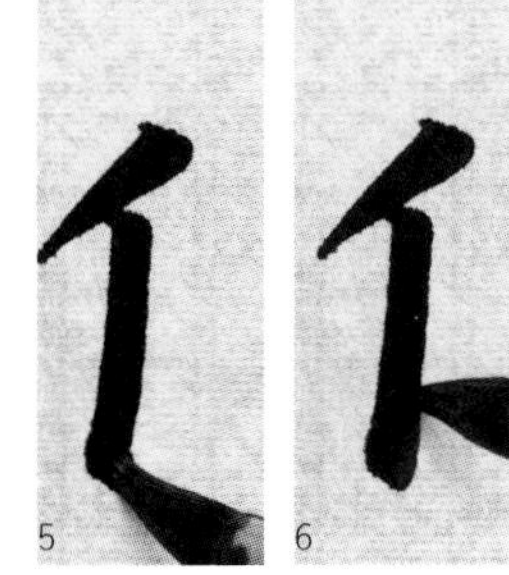

单人旁

先撇后竖，竖画为垂露竖，竖画的长短根据字形结构而定。

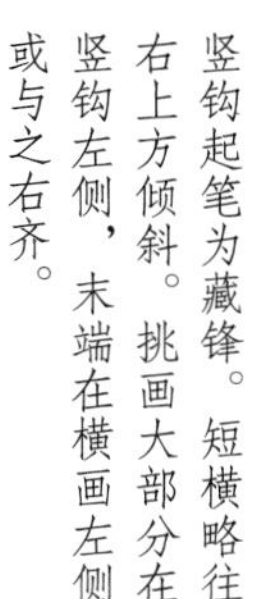

提手旁

竖钩起笔为藏锋。短横略往右上方倾斜。挑画大部分在竖钩左侧，末端在横画左侧或与之右齐。

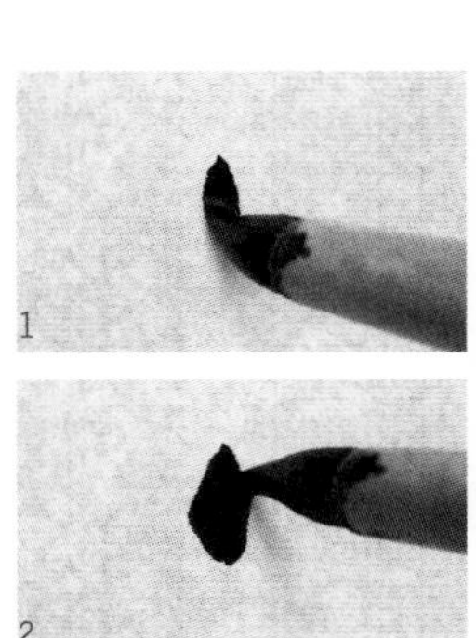
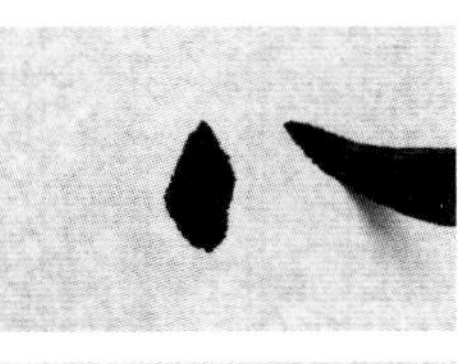
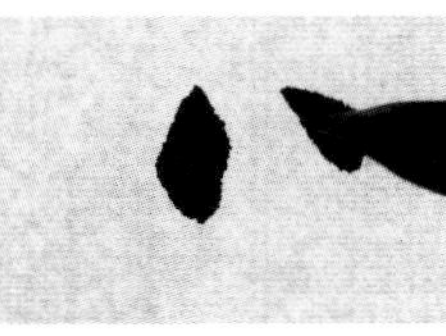
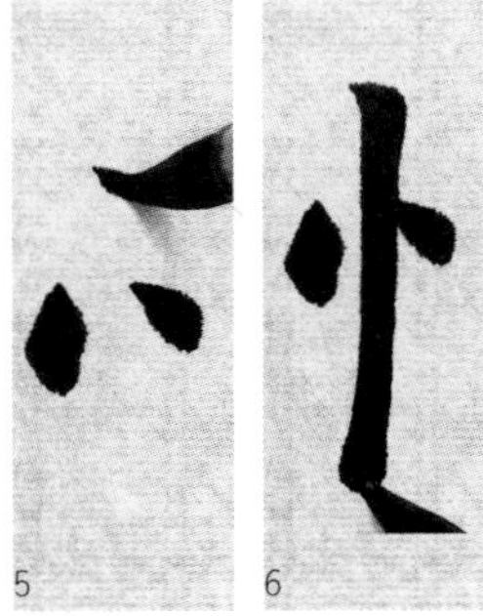

竖心旁

竖画为垂露竖，左点为竖点，右点为斜点，左低右高，相互呼应。

三点水

上、中两点为斜点，下点为挑点，三点之间相互呼应，挑点与右侧相互呼应。

木字旁

横作短横，竖画可带钩，也可不带钩，撇稍长，捺画作点画。

王字旁

上、中两横作短横，略往右上方倾斜，竖画起笔为藏锋，下横作挑画，与右侧相互呼应。

土字旁

横作短横，略往右上方倾斜，竖画起笔为藏锋，下横作挑画，与右侧相互呼应。

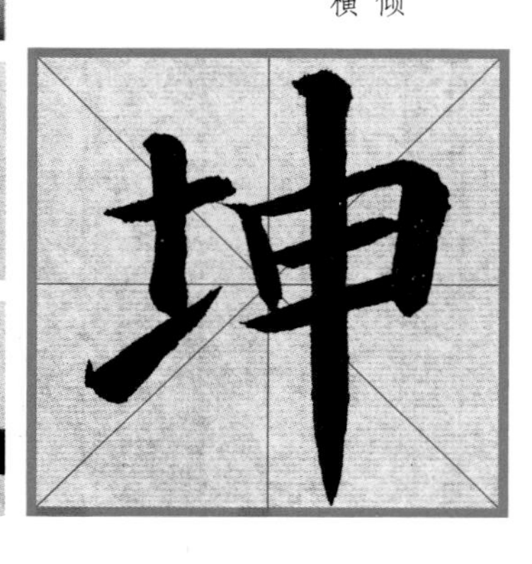

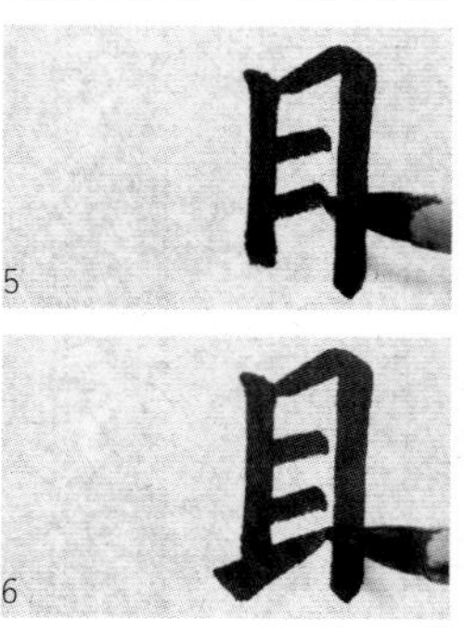

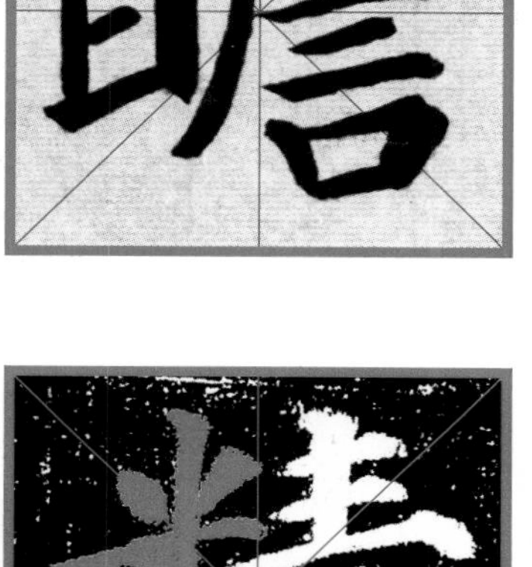

目字旁

左竖稍短，右竖稍长，中间两短横不与右竖相连，下横作挑画，与右侧相互呼应。

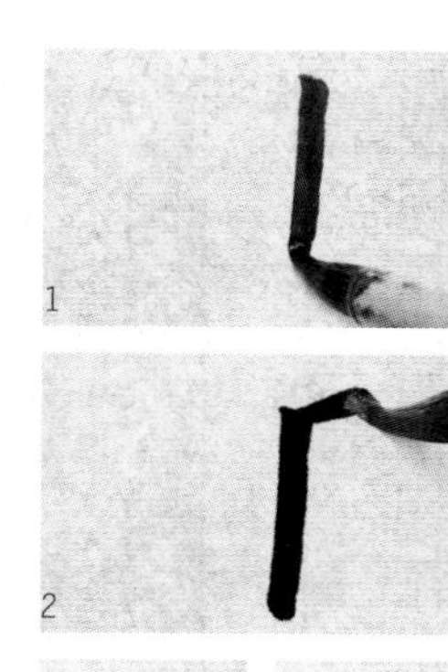

日字旁

左竖稍短，右竖稍长，下横作挑画，与右侧相互呼应。

米字旁

竖钩起笔为藏锋。左点作斜点，右点作撇点，两点之间相互呼应，左撇稍长，右捺作点画。横画在竖画中间偏上的位置，竖画在横画中间偏右的位置。

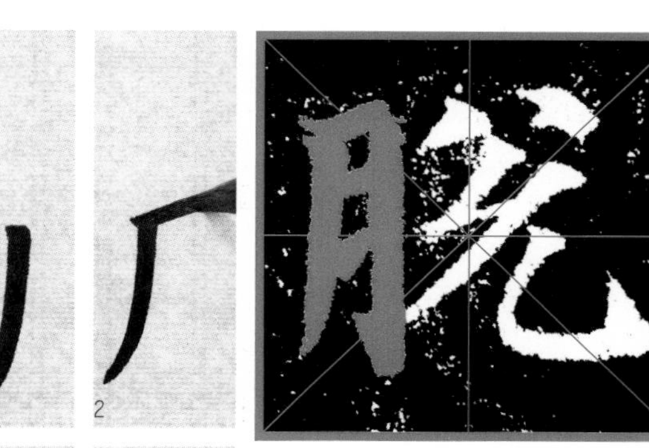

月字旁

首笔为竖撇，竖钩的钩不宜过长，中间两短横可与上横平行，也可以把下横变成一挑，与右侧相互呼应。

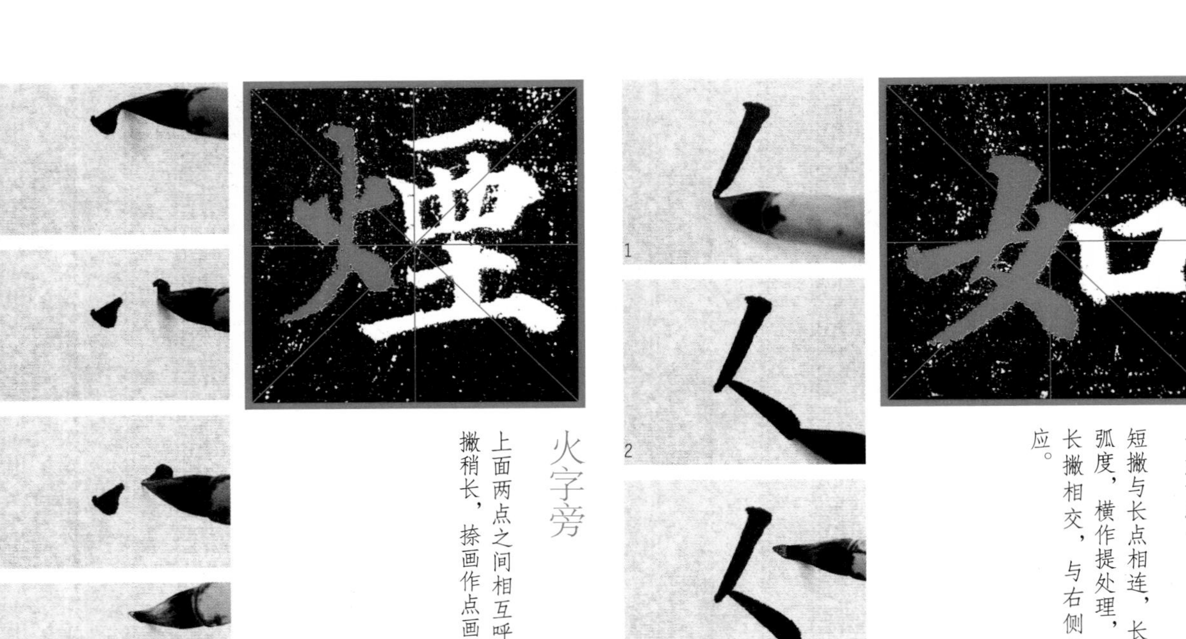

火字旁

上面两点之间相互呼应，竖撇稍长，捺画作点画。

女字旁

短撇与长点相连，长撇略带弧度，横作提处理，末端与长撇相交，与右侧相互呼应。

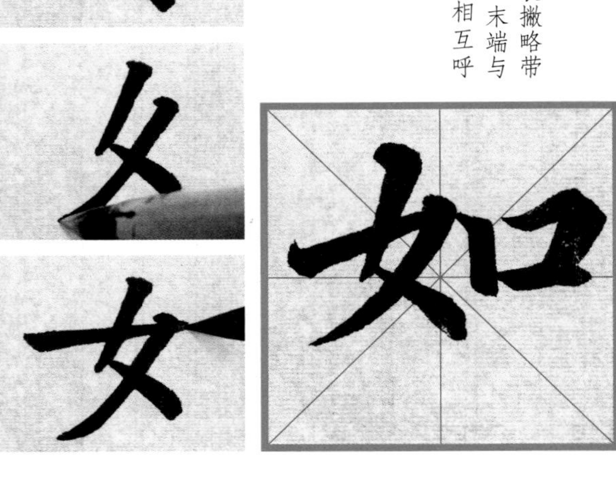

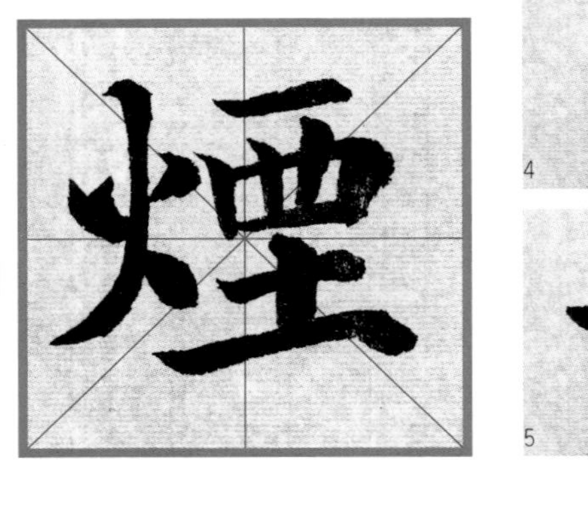

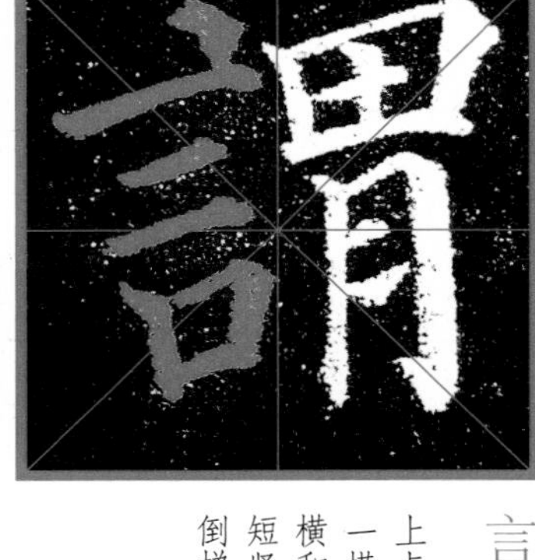

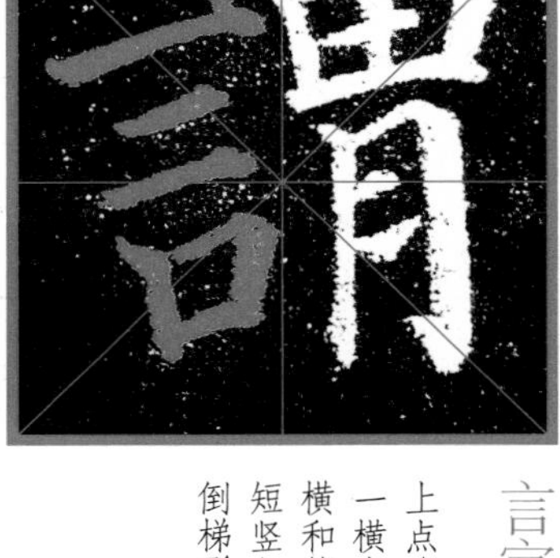

绞丝旁

第一个撇折略小于第二个撇折，角度也不同，第一个向下，第二个向上。点画为撇点，与下面三点相互呼应。下面三点间距匀称，形态不一，彼此相互呼应。

言字旁

上点多为斜点或竖点，在第一横中间偏右的位置。第二横和第三横略短。『口』的短竖与横折均向内倾斜，呈倒梯形。

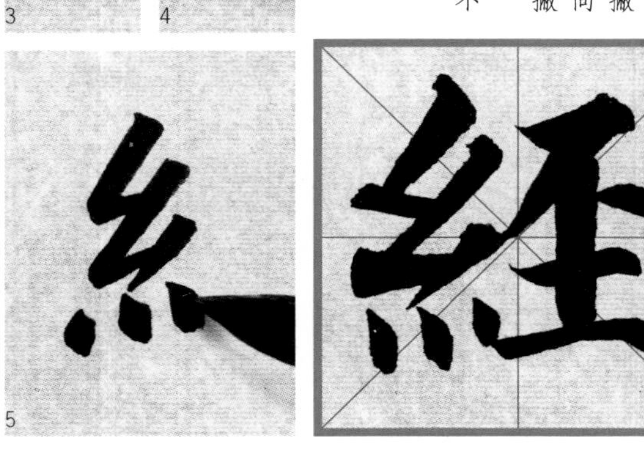

贝字旁

左竖稍短，右竖稍长，中间两短横平行，最后一横与撇相交。

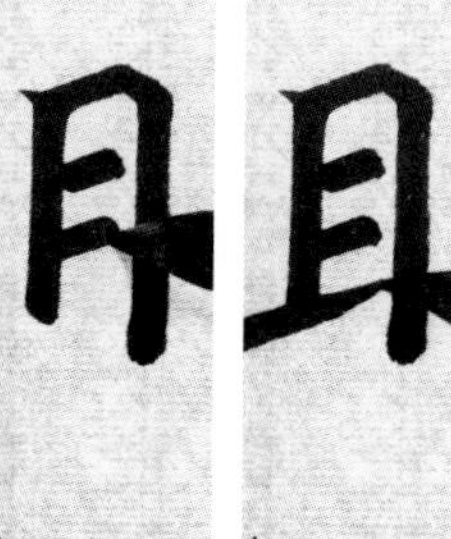

禾字旁

上撇稍短，在横画中间偏右的位置，下撇稍长，捺画作点画。

石字旁

横较短。撇较长，起笔在横画中间偏左的位置。『口』稍小，在撇画中间偏下的位置。

示字旁

上点为横点，横画与撇画相连，捺画作点画，竖画为垂露竖。

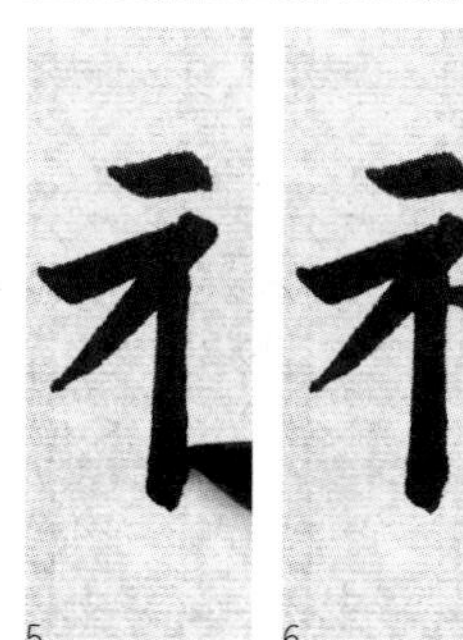

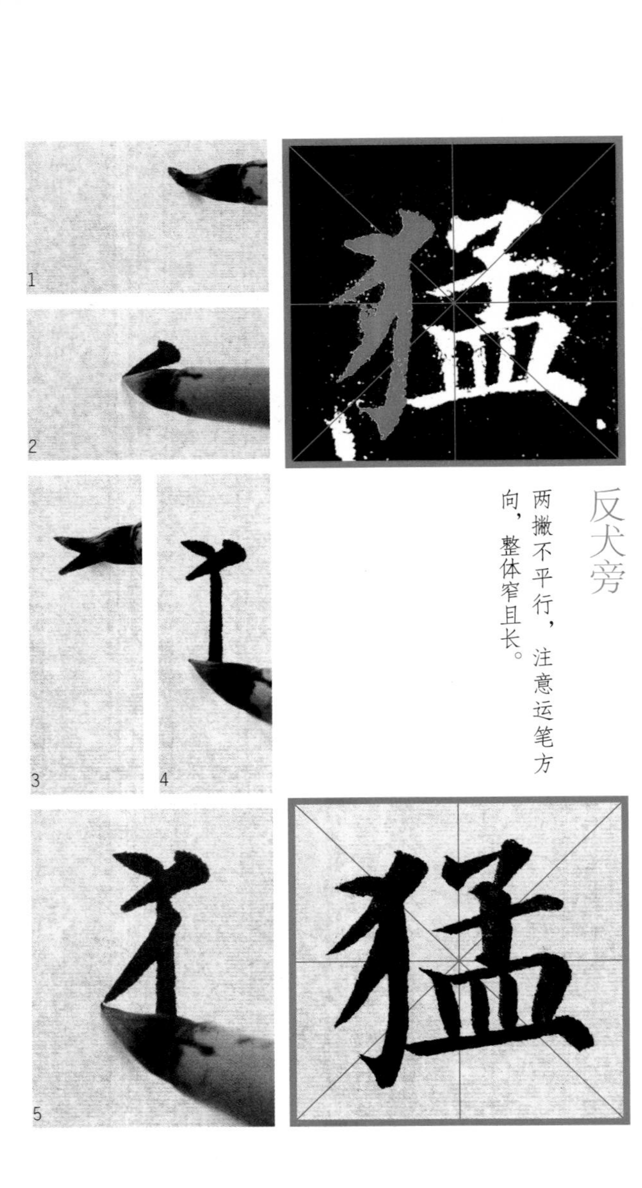

反犬旁

两撇不平行，注意运笔方向，整体窄且长。

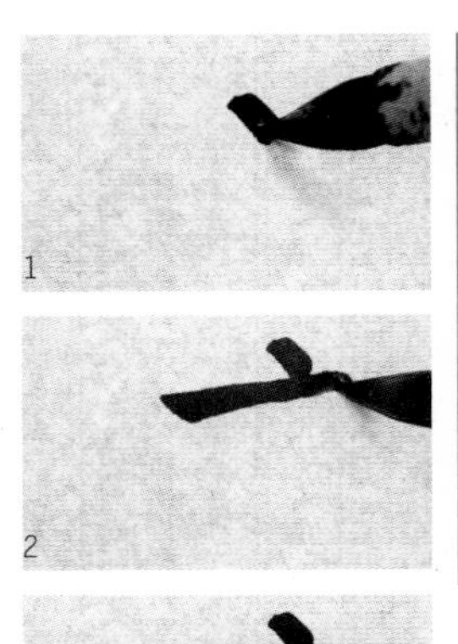

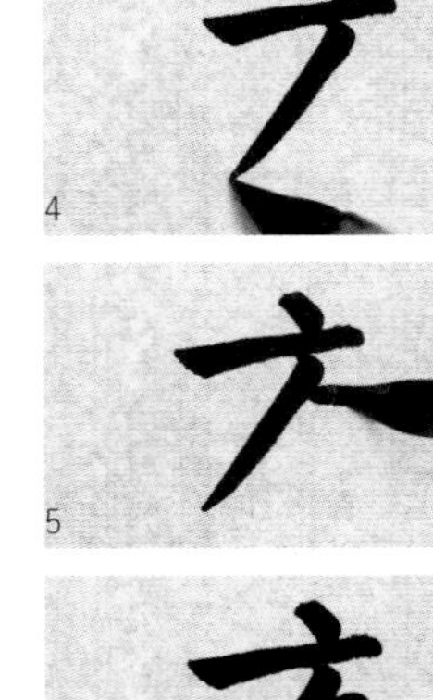

弓字旁

横较细，折笔较粗，上部较紧凑，下部较舒展，注意两个横折的变化。

马字旁

上部横画间距匀称，下面四点较紧凑，且相互呼应。

方字旁

点画为斜点，起笔在横画中间偏右的位置，横较短，撇和横折钩较长。

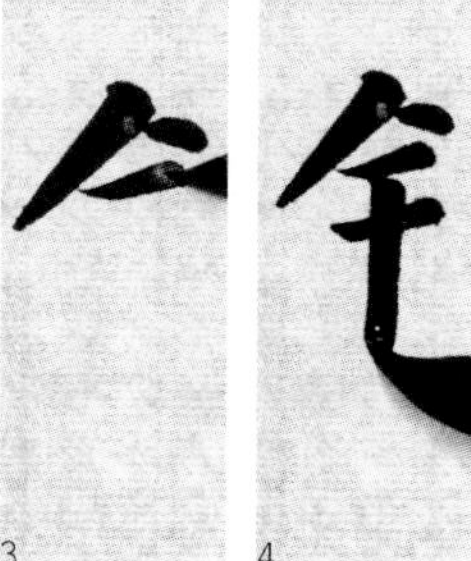

金字旁

撇较长，捺画变点画，上、中横较短，下横作挑画，与右侧部分相互呼应。中间两点左低右高，彼此呼应。

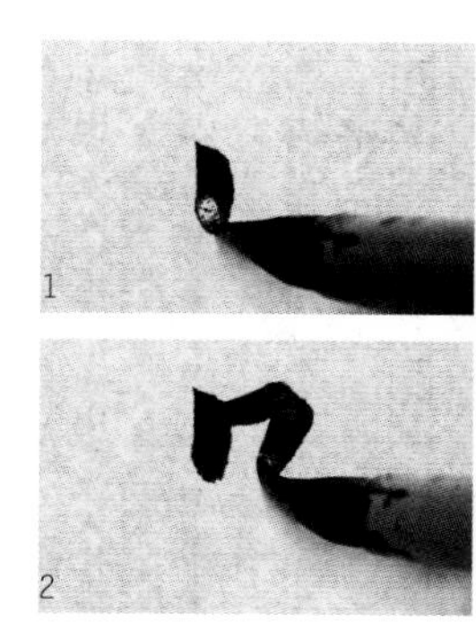

足字旁

『口』较小，两竖较短，下横作挑画，与右侧部分相互呼应。

车字旁

上横较短，下横较长，竖画为垂露竖。

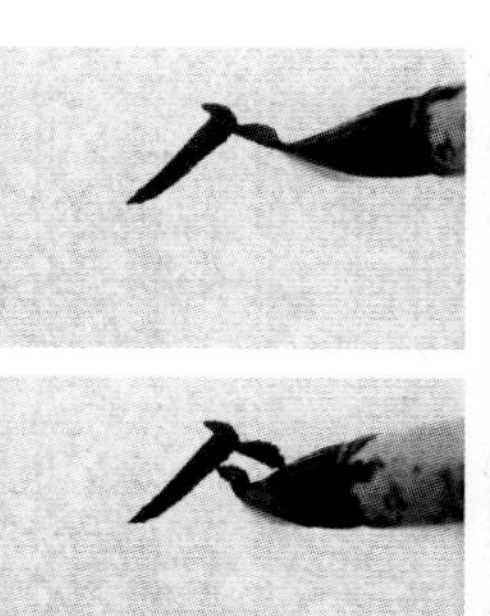

食字旁

撇较长，捺画变点画，提画较长，末端与斜点相交。

双耳旁

双耳旁在左，竖画为垂露竖，两个折笔或断或连，且上大下小。

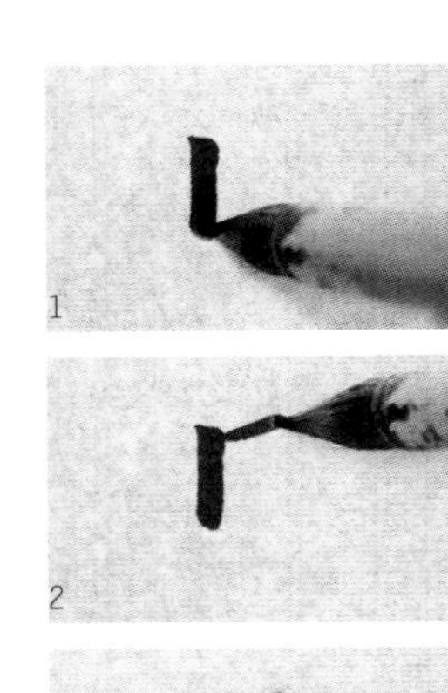
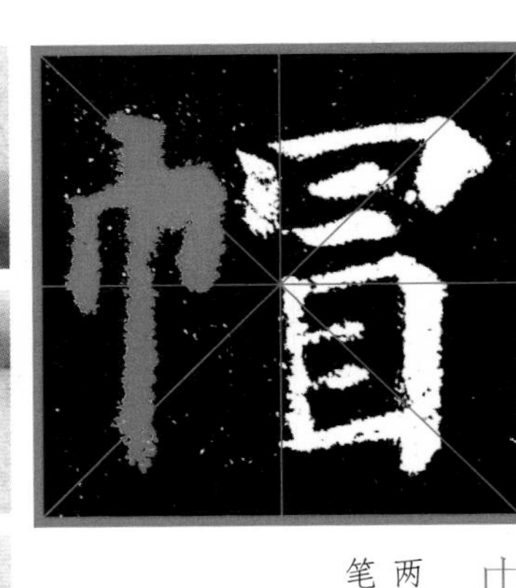

巾字旁

两竖大致等长，竖画藏锋起笔，收笔为垂露。

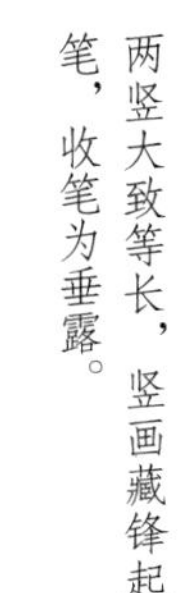

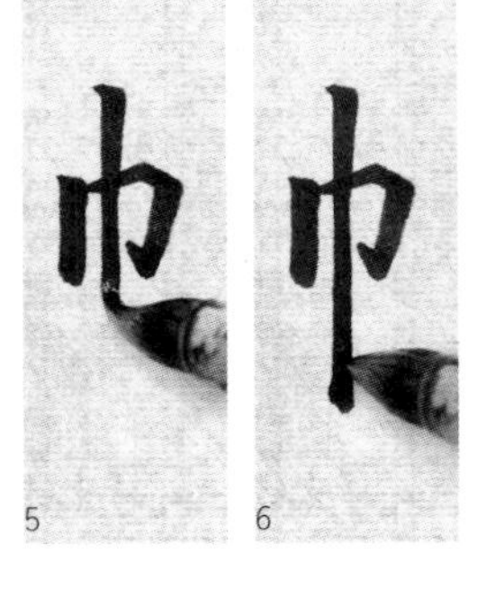

页字旁

横较短。左竖较短，右竖较长。左下点为撇点，右下点为斜点。

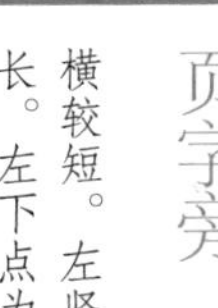

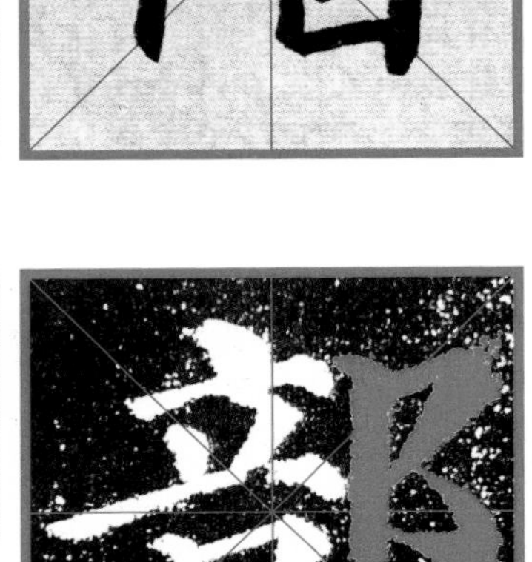

双耳旁

双耳旁在右，竖画为悬针竖，两个折笔可相连，亦可不连，相对于左耳旁，右耳旁的耳部较大。

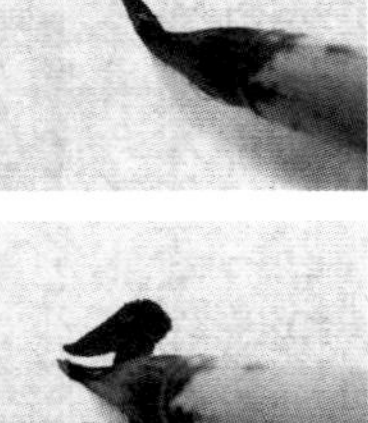
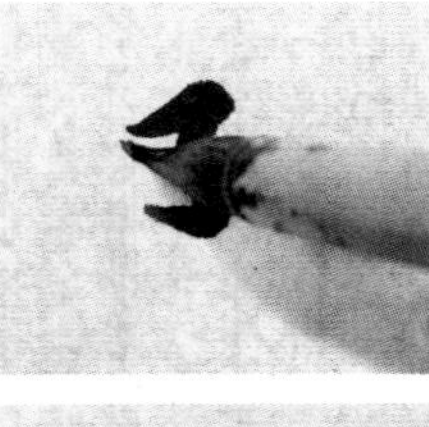
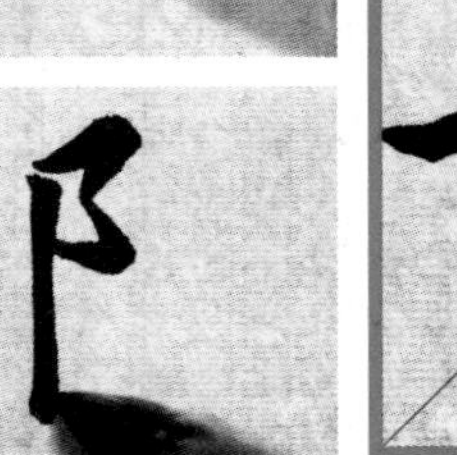

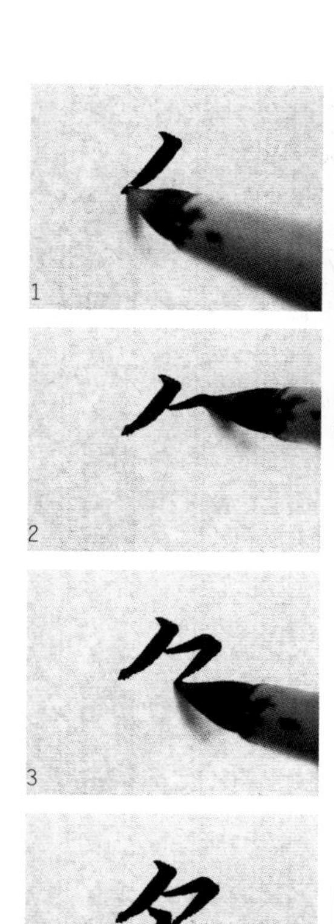

欠字旁

下撇一般为竖撇，捺为反捺，且略长。

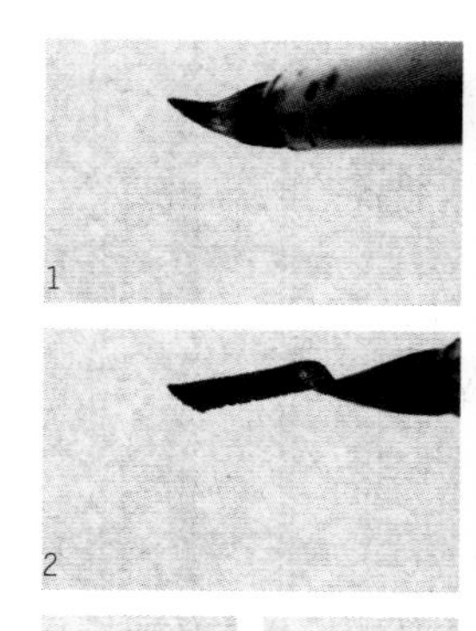

寸字旁

横较短，竖较长，钩与左侧部分相互呼应。

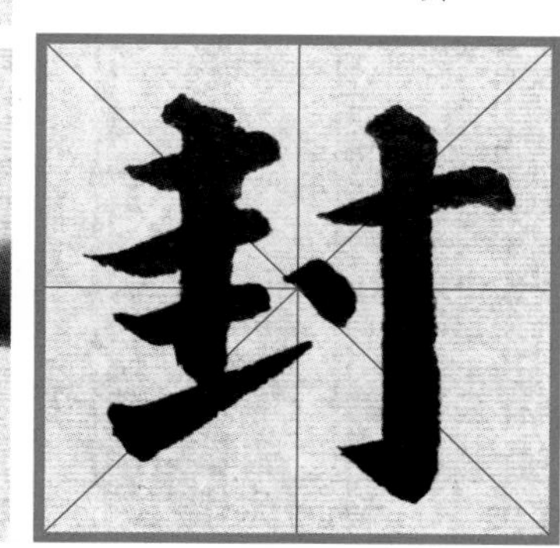

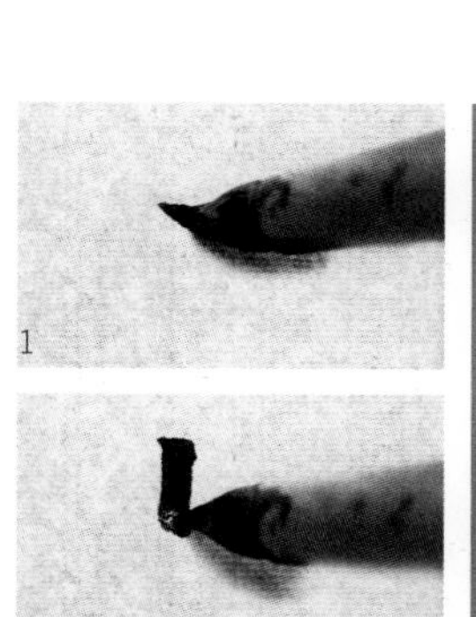
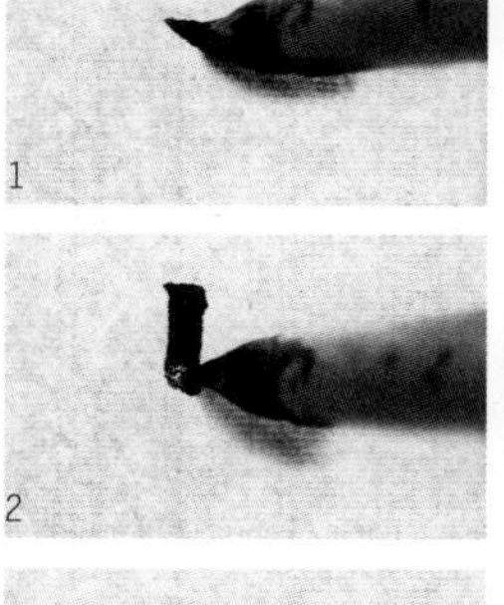
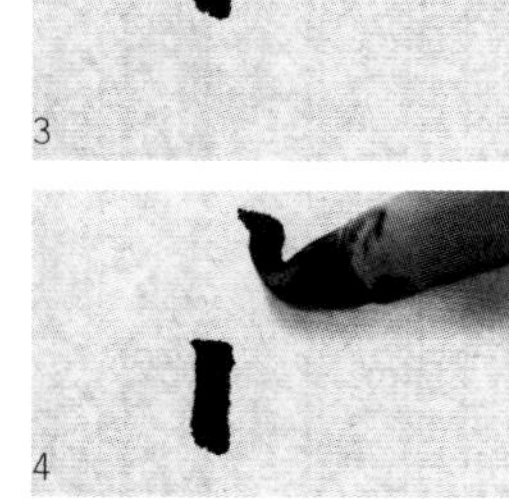
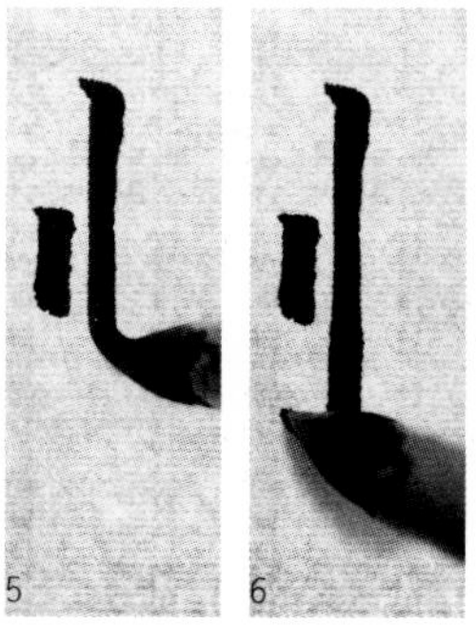

立刀旁

左竖较短，右竖较长，竖钩藏锋起笔，钩与左侧部分相互呼应。

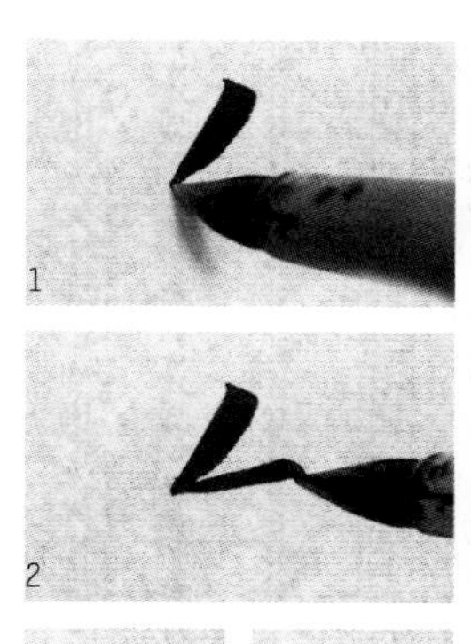

反文旁

第一点作斜撇。下撇稍短，捺稍长。

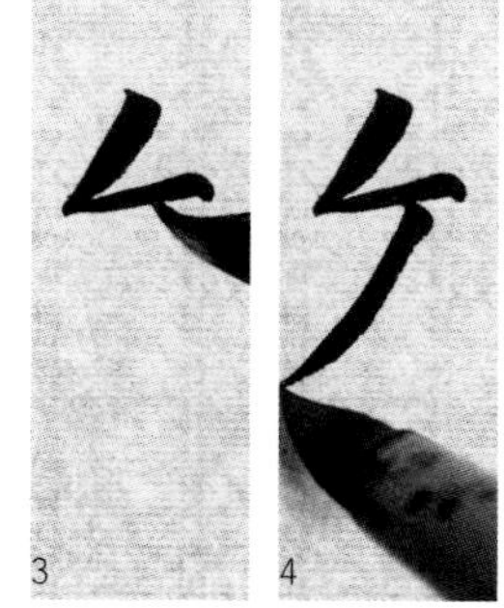

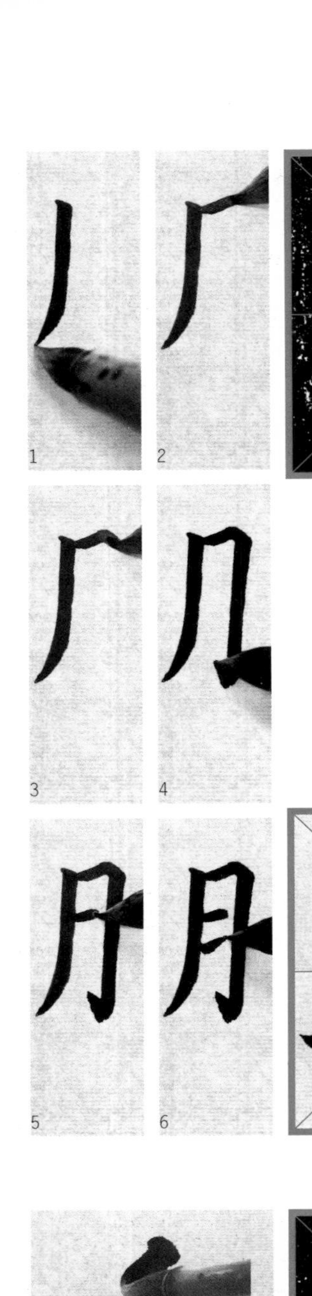

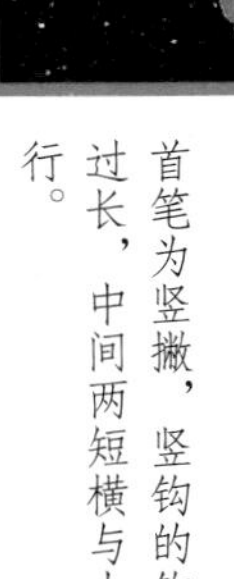
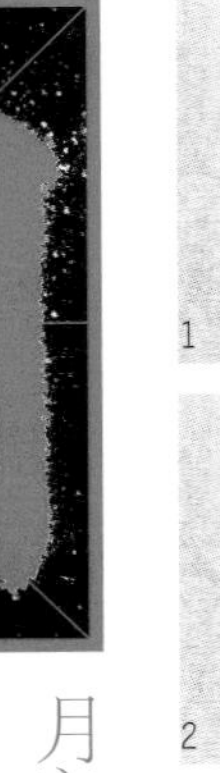

月字旁

首笔为竖撇，竖钩的钩不宜过长，中间两短横与上横平行。

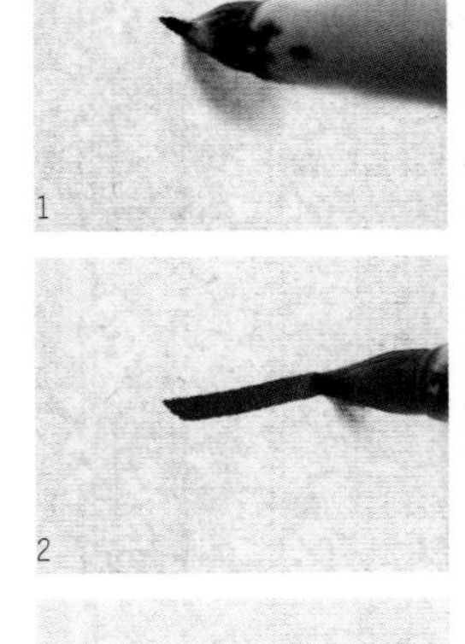

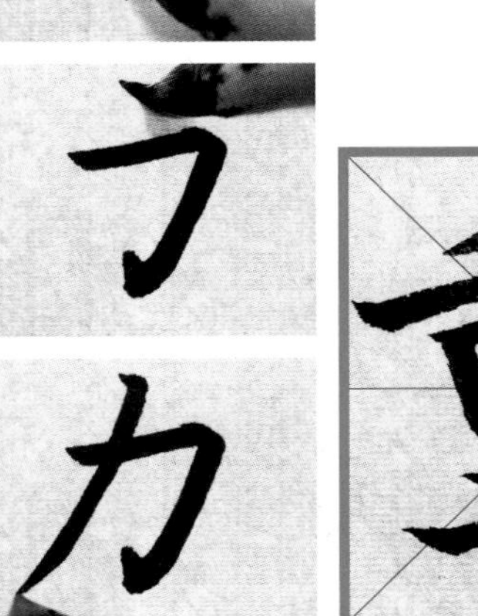

力字旁

撇在横中间偏左的位置，横折钩用笔较重，钩与左侧部分相互呼应。

斤字旁

撇较短，竖撇较长，横不要太靠上，竖画为悬针竖。

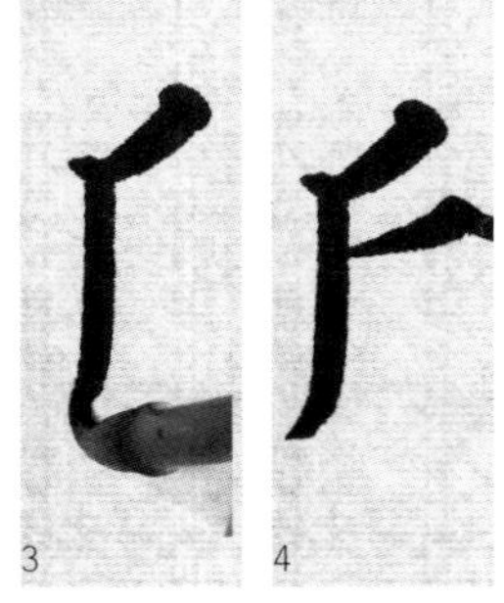

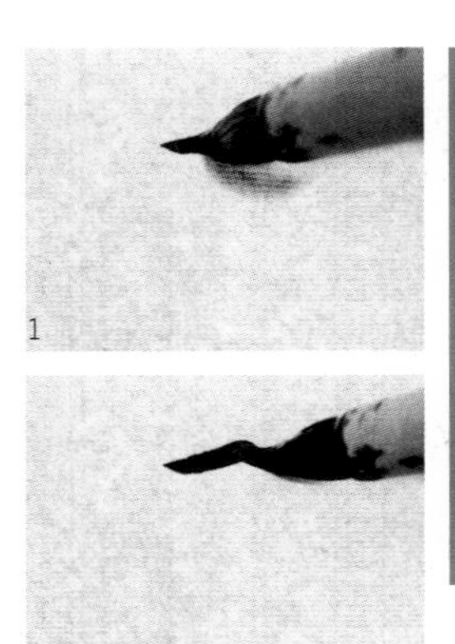

单耳旁

竖较长，可作垂露，也可作悬针，横折钩较小，且在竖画中间以上的位置。

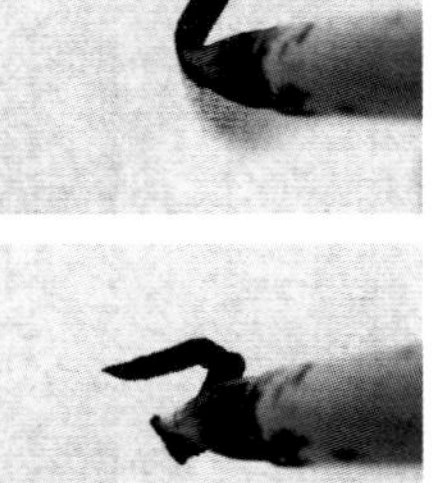

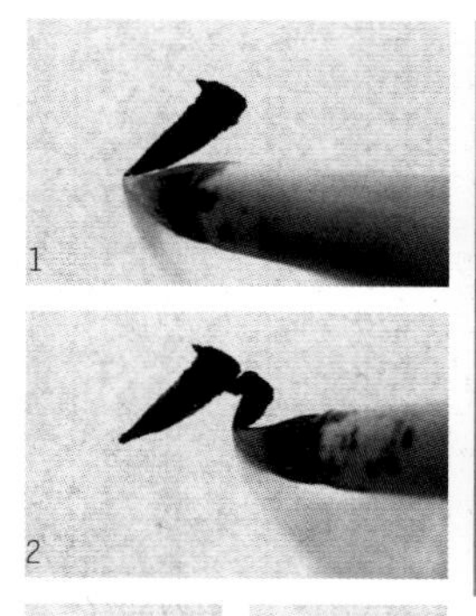
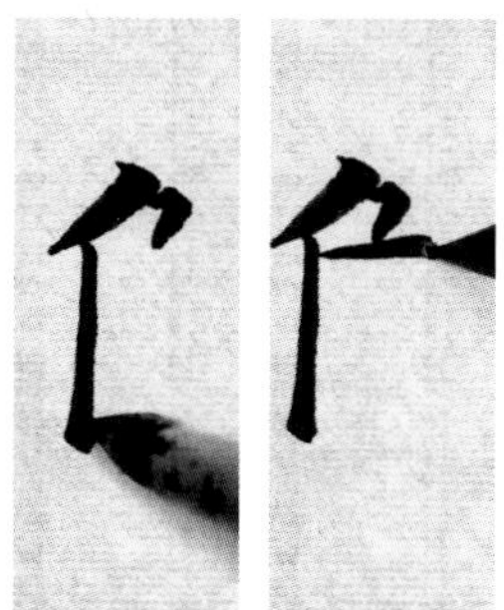

隹字旁

撇较短，竖较长，且为垂露竖。四横相互平行，长短不一，注意其变化。

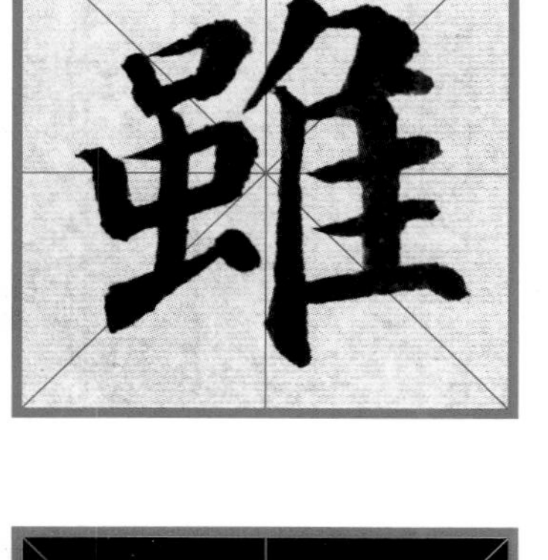

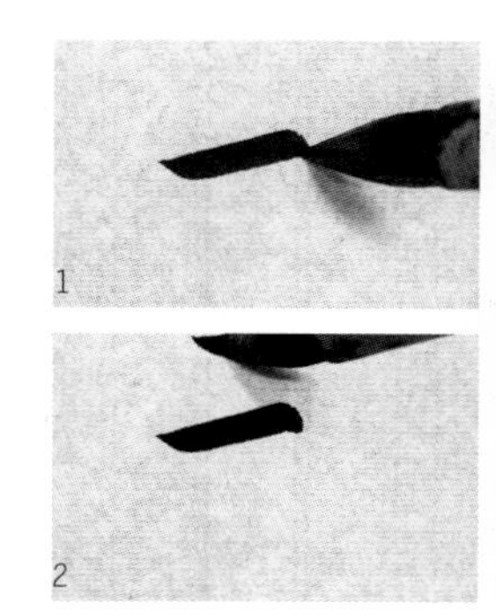
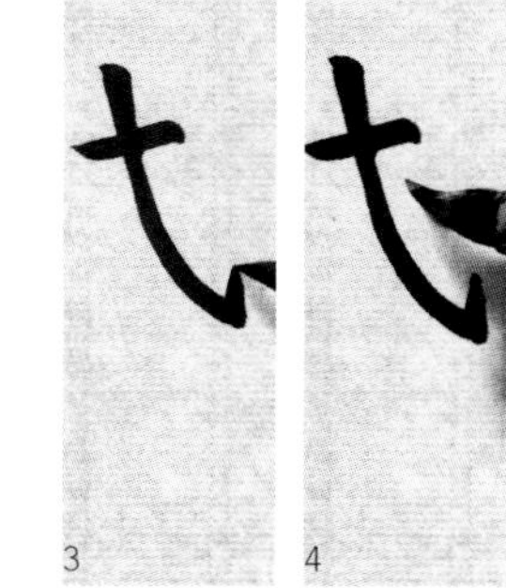

戈字旁

横和撇较短，钩不宜过长，点与横可相连，亦可不连。

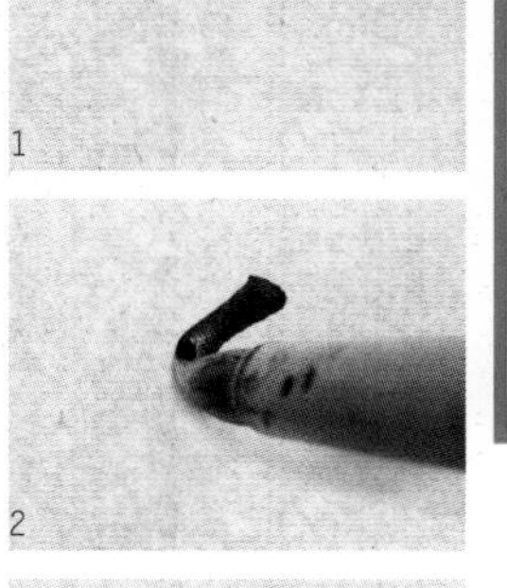

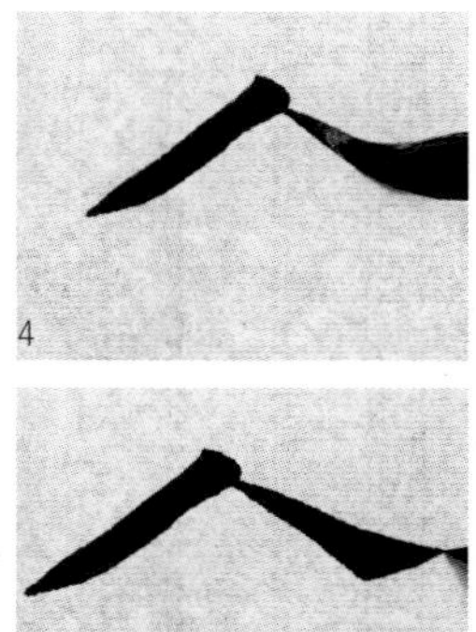

人字头

撇与捺在顶部相交，书写时注意左低右高，左轻右重。

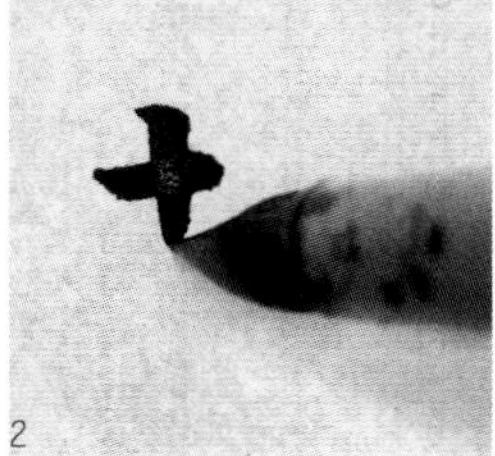

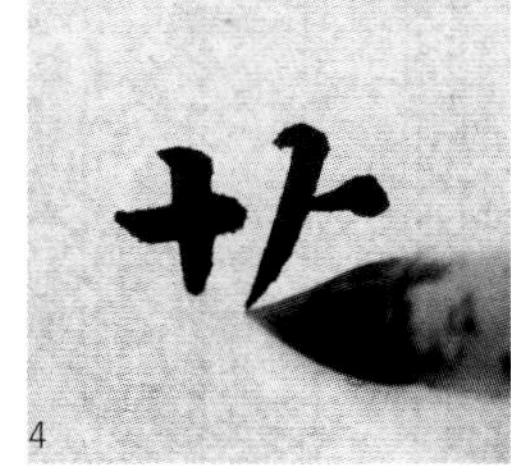

草字头

《多宝塔碑》里的草字头大多在横画处断开，左右分开写，右部略高，四个笔画之间相互呼应。

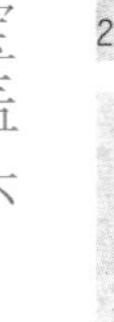

宝盖头

上点多为竖点，在横画的中间位置，横画较长，且左低右高，钩画出锋。

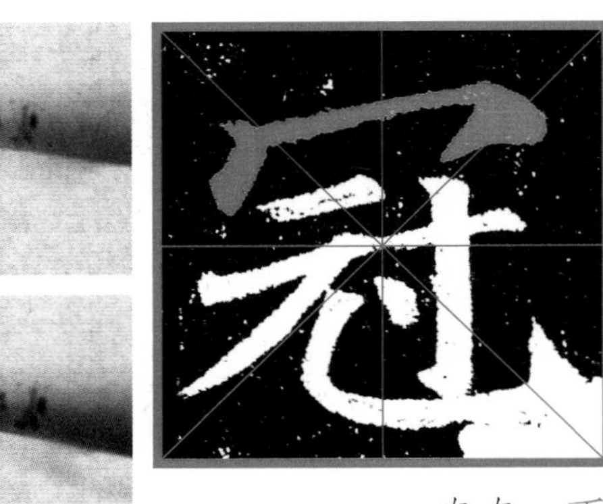

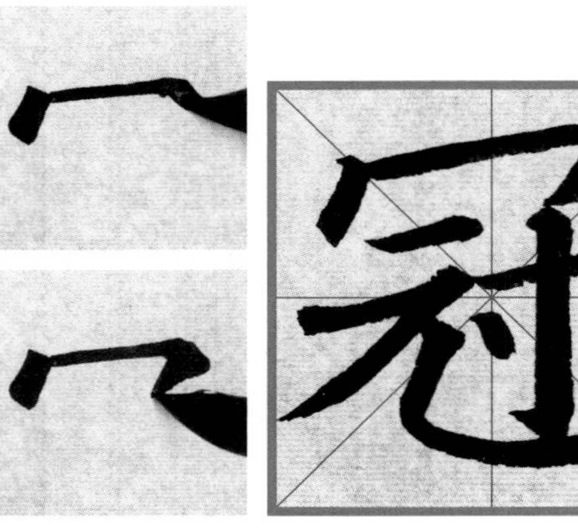

秃宝盖

左垂点较短，横画较长，且左低右高，钩画出锋。

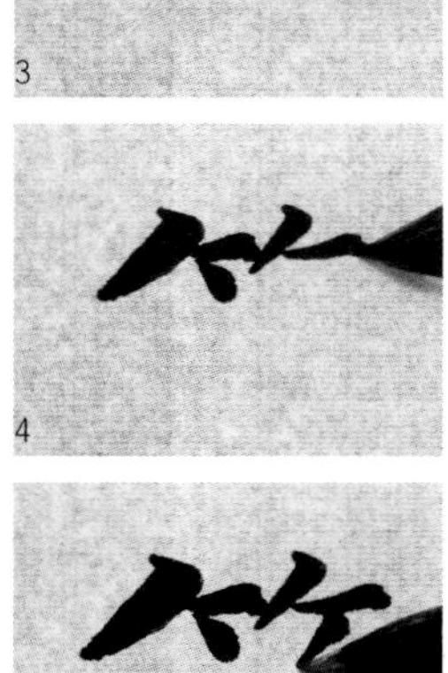

竹字头

两撇点同向，两横为左尖横，且较短，下两点向内收拢。

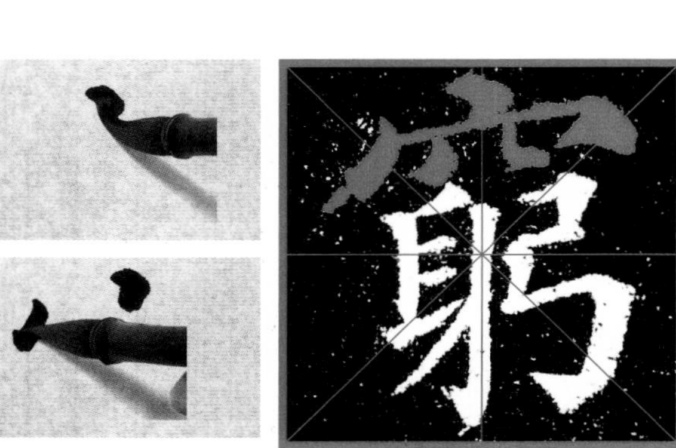

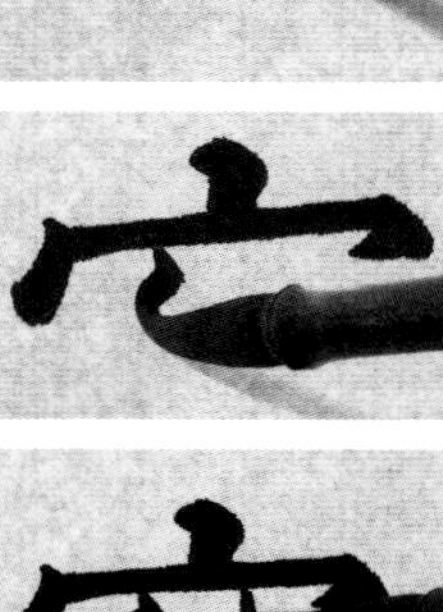

穴字头

上点多为竖点，在横画的中间位置，横画较长，且左低右高，钩画出锋。下面两个笔画均匀分布，也是左低右高，右点通常作竖折。

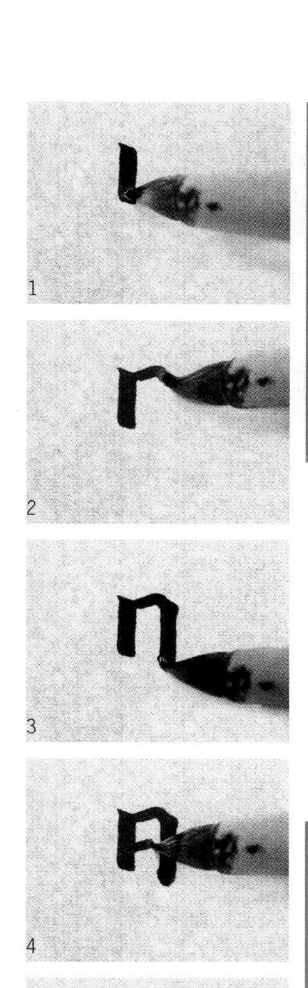

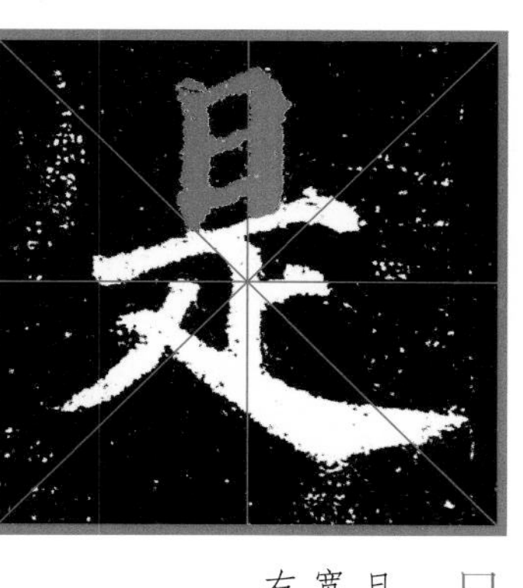

日字头

日字头通常因结构需要，可宽可窄，中间一横一般不与右竖相连。

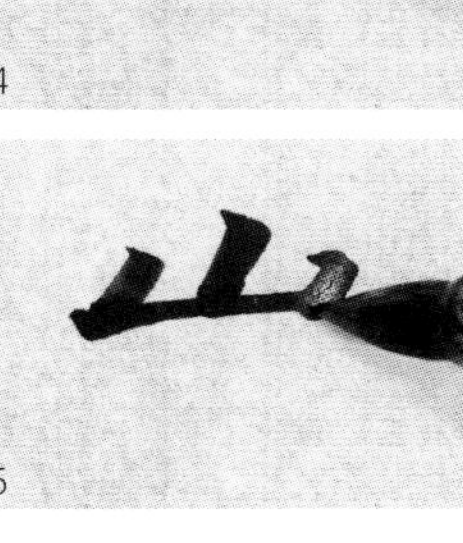

山字头

三竖较短且均向左倾斜，横向右上倾斜，右竖出头。

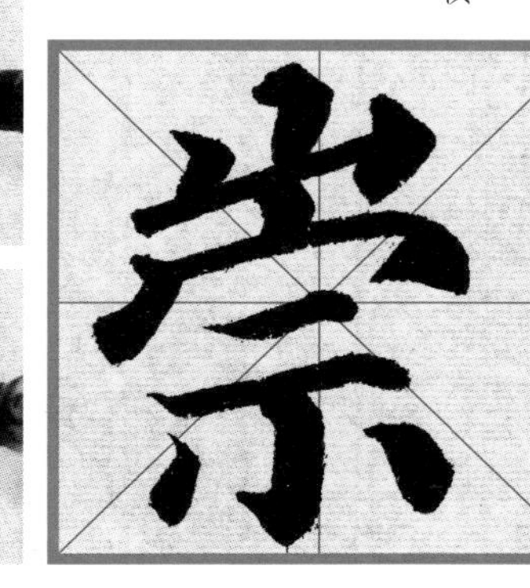

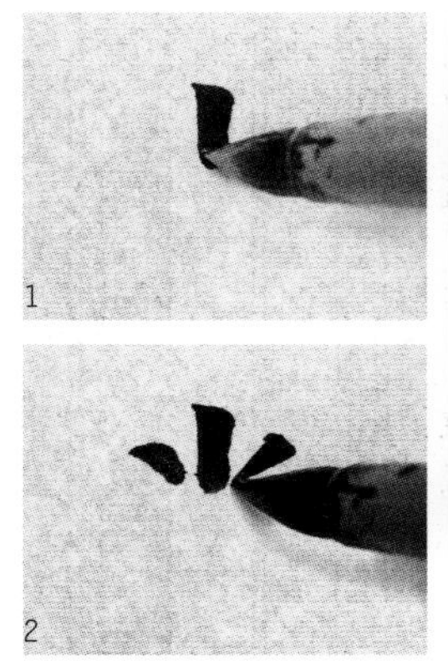

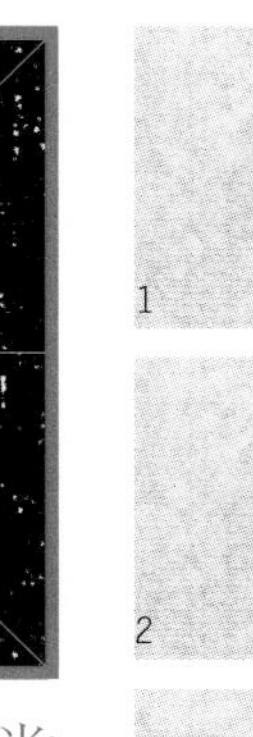

常字头

上面三个笔画相互呼应，且左低右高，横较长，钩画出锋。

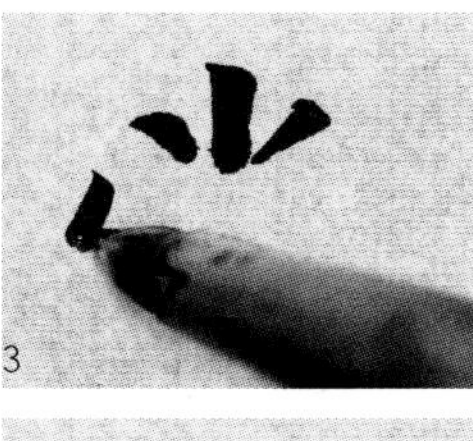
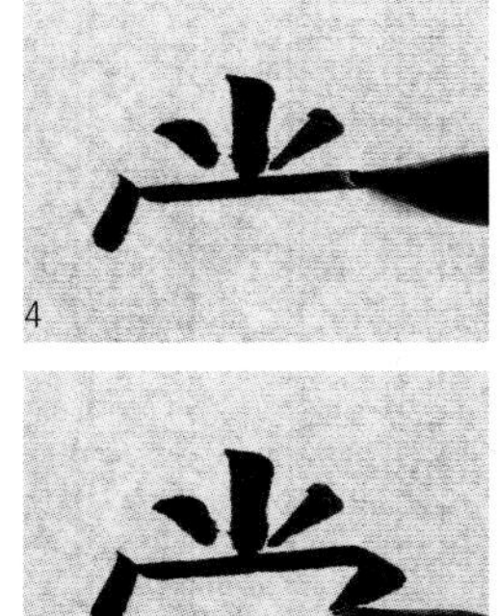

田字头

左右两竖均向内收拢，三横相互平行，中间一横一般不与右竖相连。

雨字头

上横较短，左垂点较短，横画较长，且左低右高，钩画出锋，左侧两点可作一短斜竖，亦可作两点，四点之间相互呼应。

登字头

撇与捺向外伸展，四个短笔画位于撇与捺的上半部，书写时注意左低右高，左轻右重。

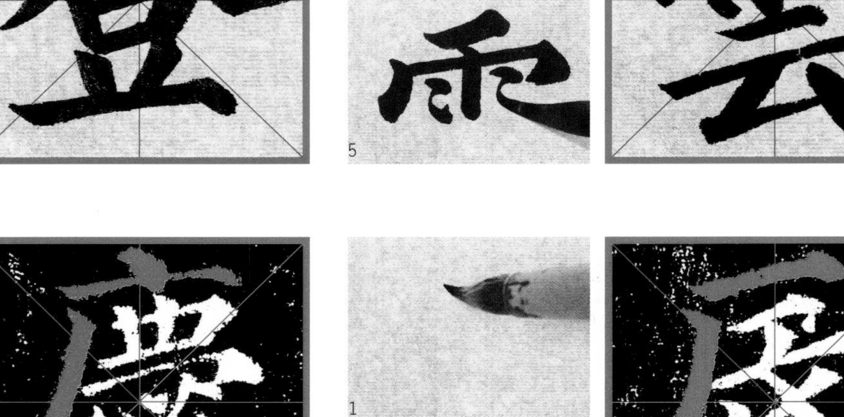

厂字头

横为短横，撇为竖撇，且较长，两笔起笔不相连。

广字头

点在横的中间位置，撇为竖撇，且较长，两笔起笔不相连。

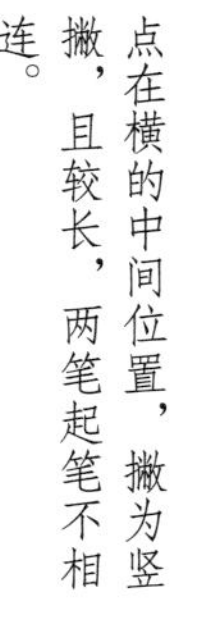

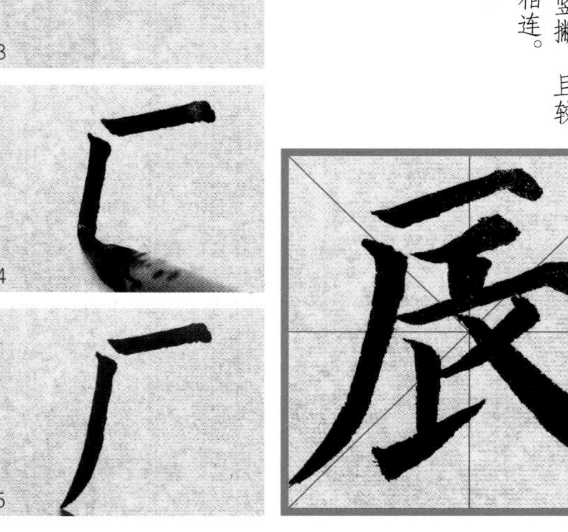

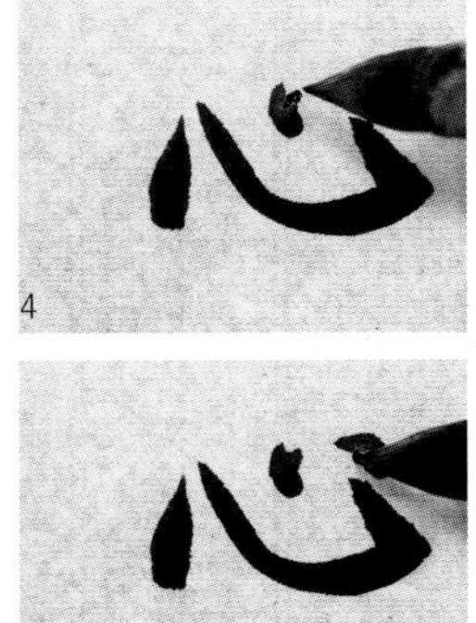

心字底

卧钩的钩画指向字心，三点在同一条直线上，相互呼应，笔断意连。

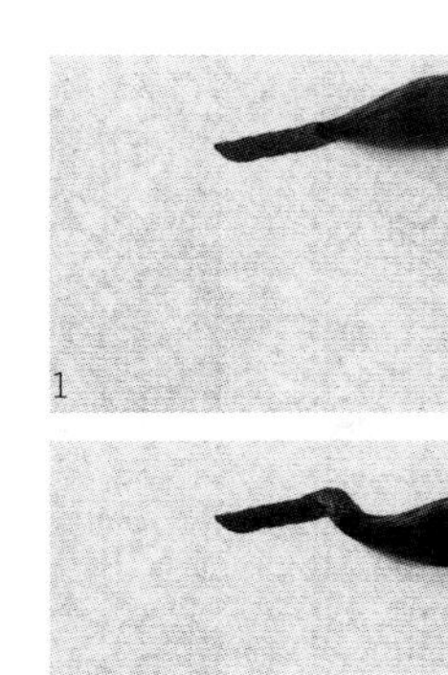
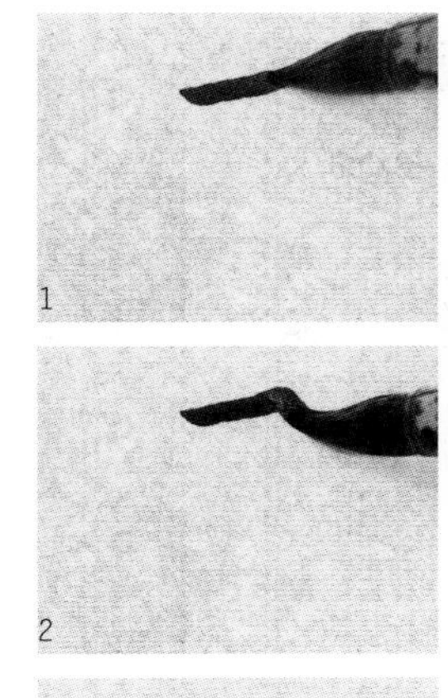
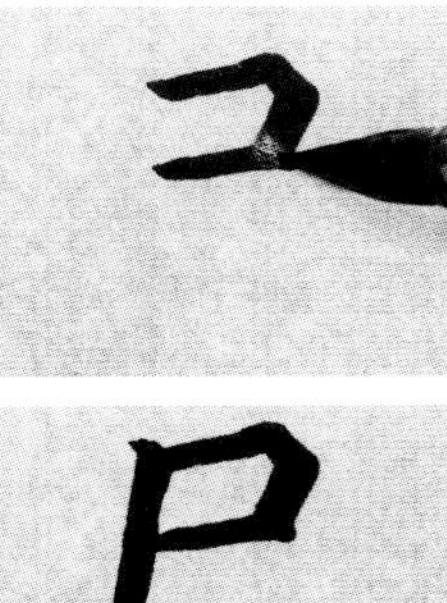

尸字头

尸字头上部分较扁平，撇为竖撇，且较长。

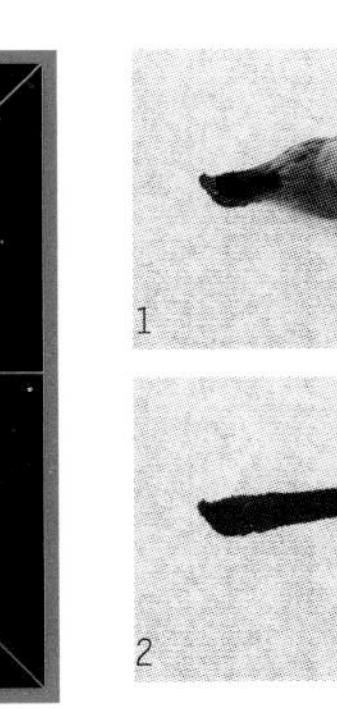
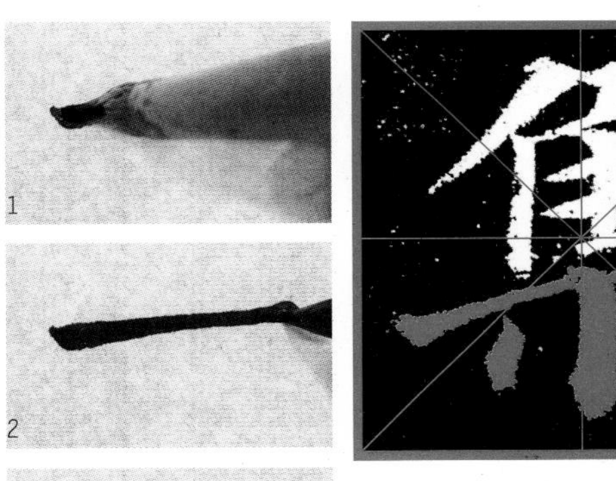

贝字底

左竖稍短，右竖稍长，中间两短横平行，最后一横与撇相交。

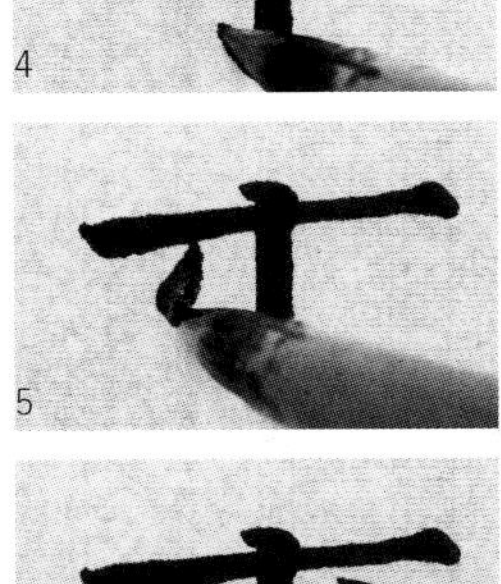
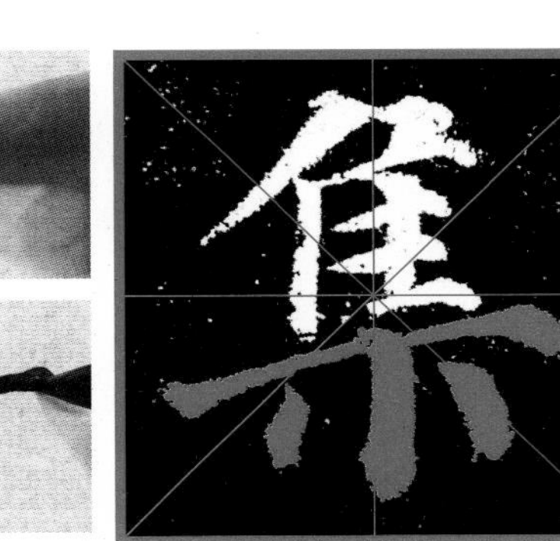

木字底

横为长横，竖作垂露或出钩，通常把撇和捺写作两点，两点之间相互呼应。

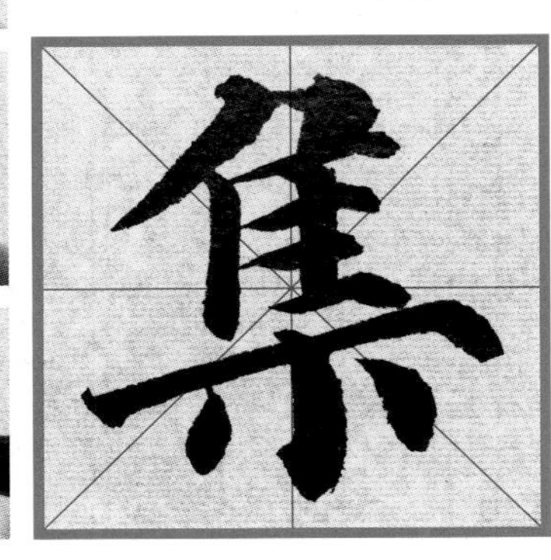

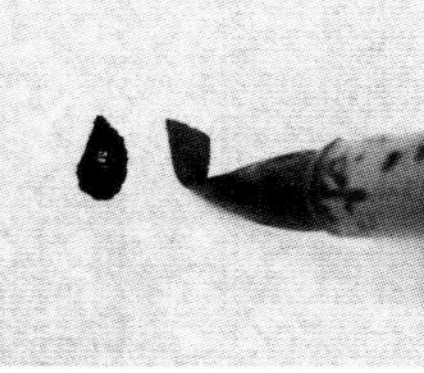

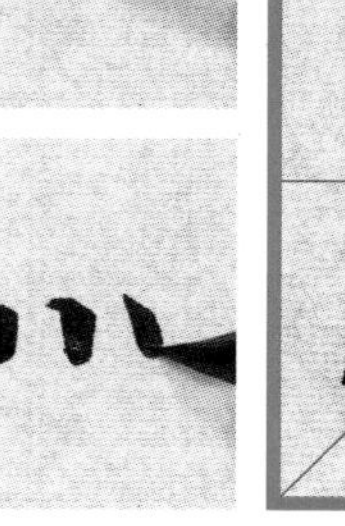

四点水

四点在同一直线上，呈八字状，错落有致，分布均匀，笔断意连，宽度不得超过其上面的部分。

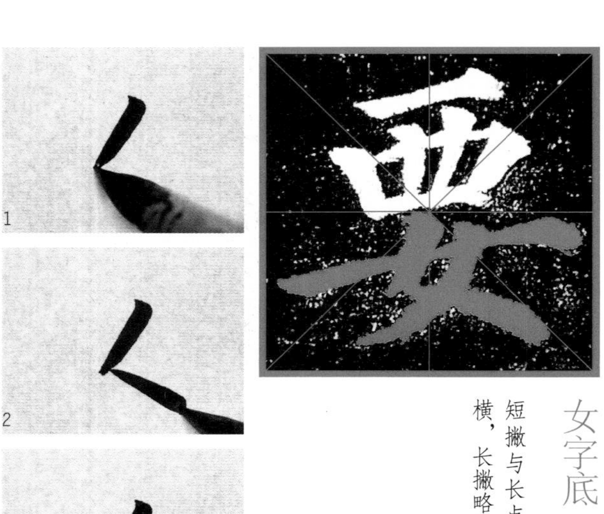

女字底

短撇与长点相连，横为长横，长撇略带弧度。

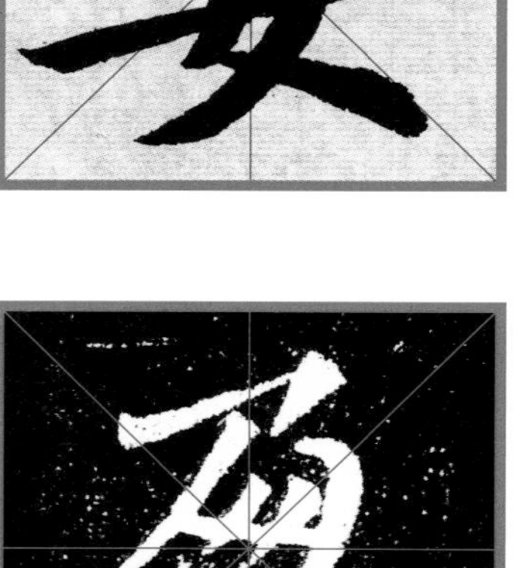

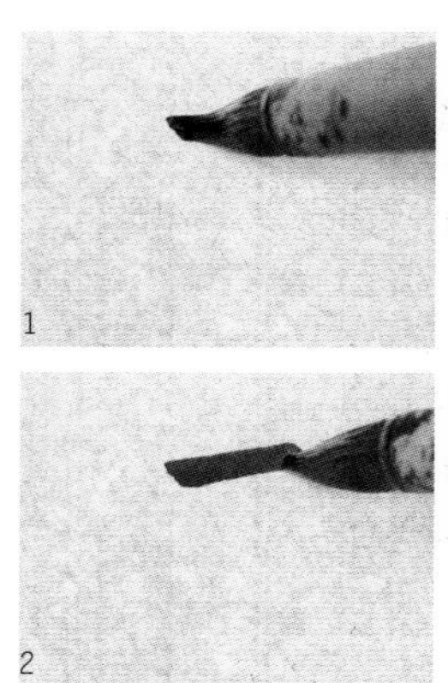

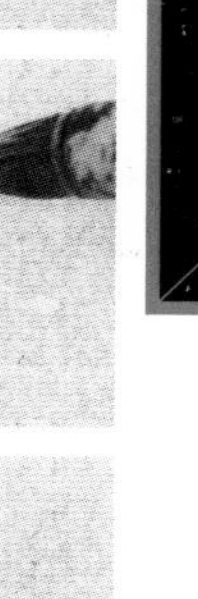

王字底

三横相互平行，上面两横较短，下横较长，竖画在横画中间。

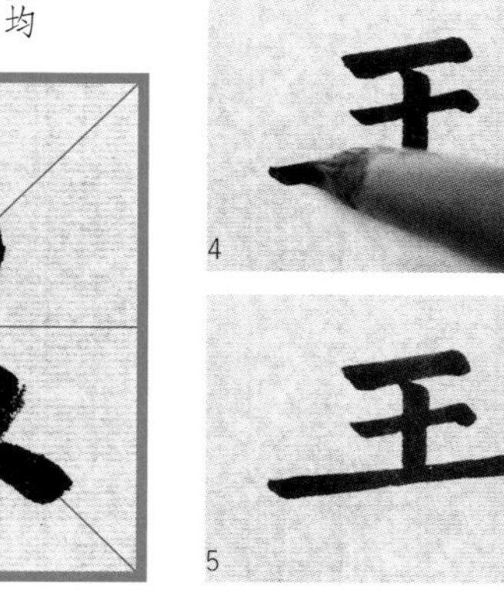

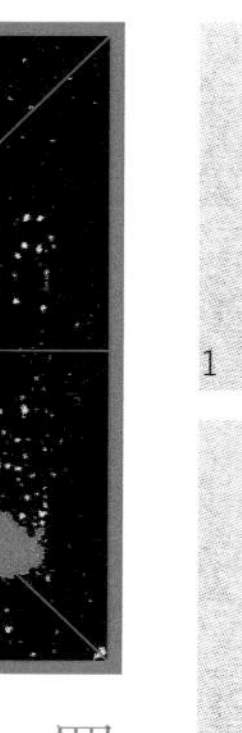
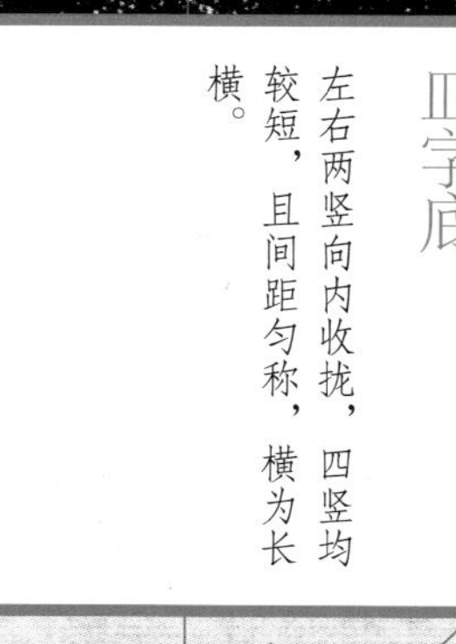

皿字底

左右两竖向内收拢，四竖均较短，且间距匀称，横为长横。

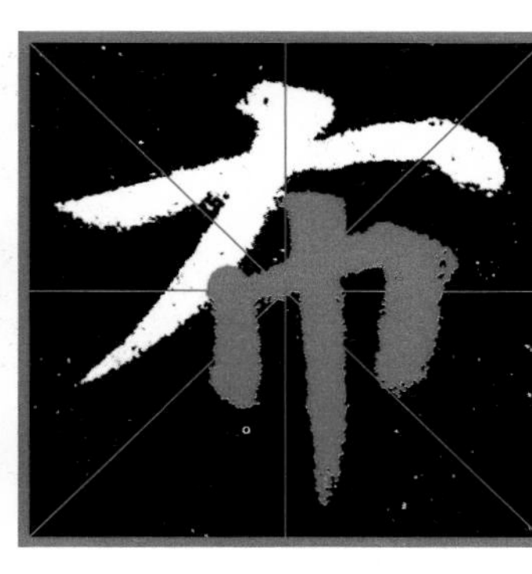

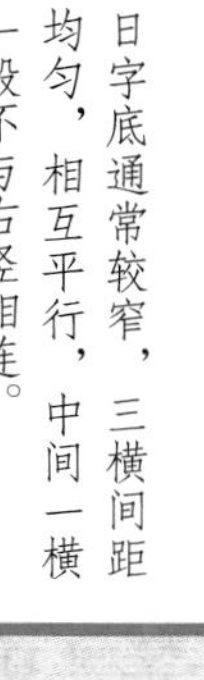

日字底

日字底通常较窄，三横间距均匀，相互平行，中间一横一般不与右竖相连。

巾字底

左右两竖均较短，竖为悬针竖，且较长。

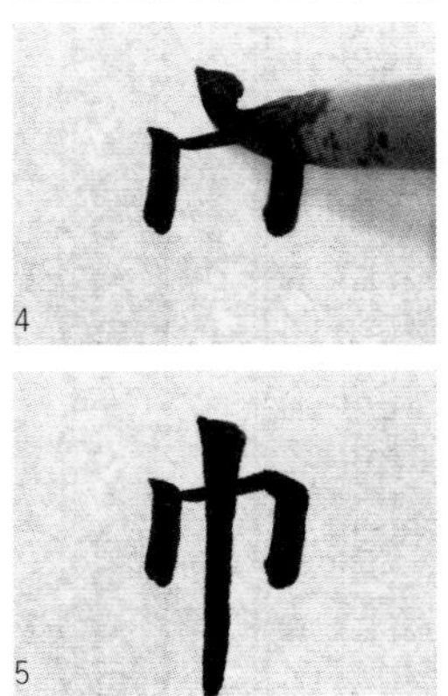

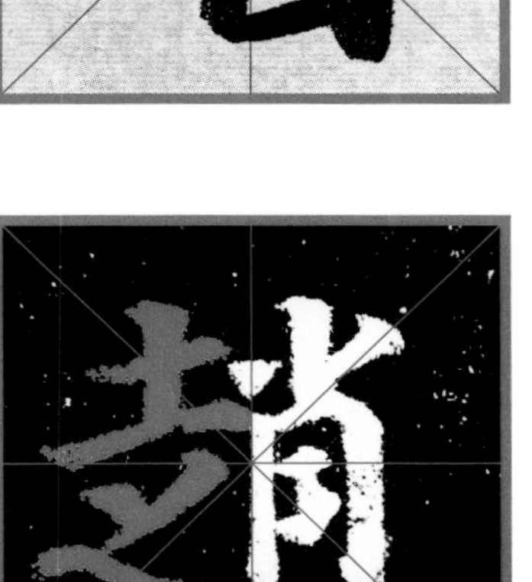

走字底

上横较短，下横较长。下面部分是一挑点与一长撇点的组合，捺画最长，取平势。

走之底

走之底上的斜点可作一点或两点，视情况而定。作一点时，下部略松，反之略紧。捺画最长，取平势。

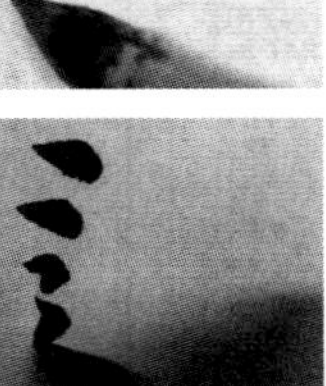
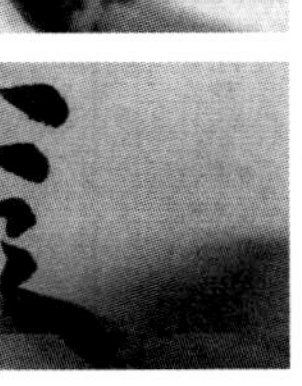
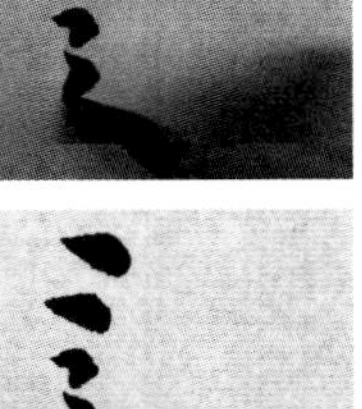
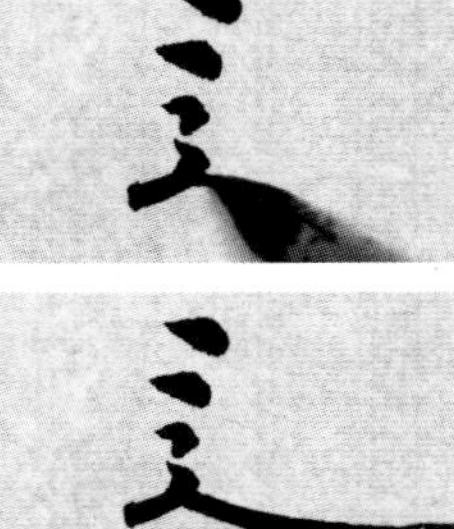
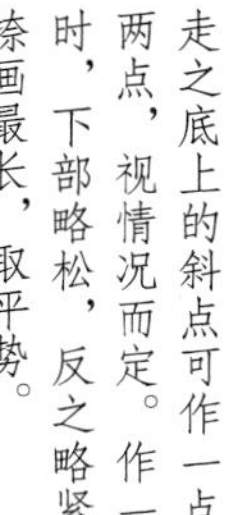

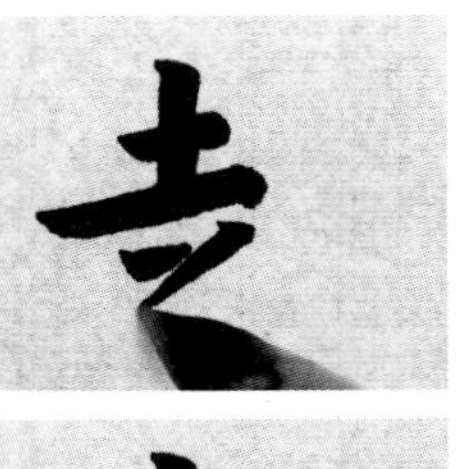
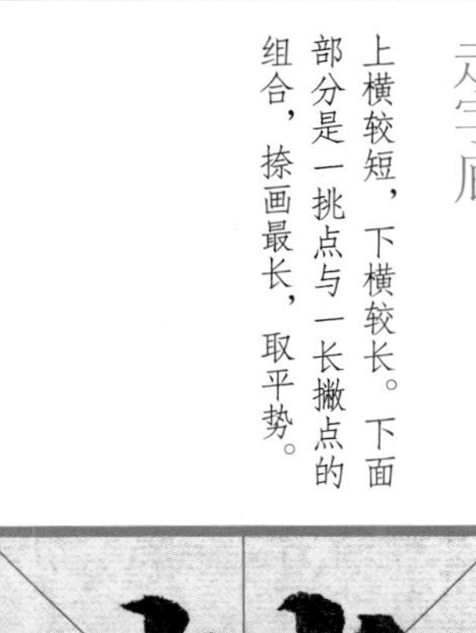

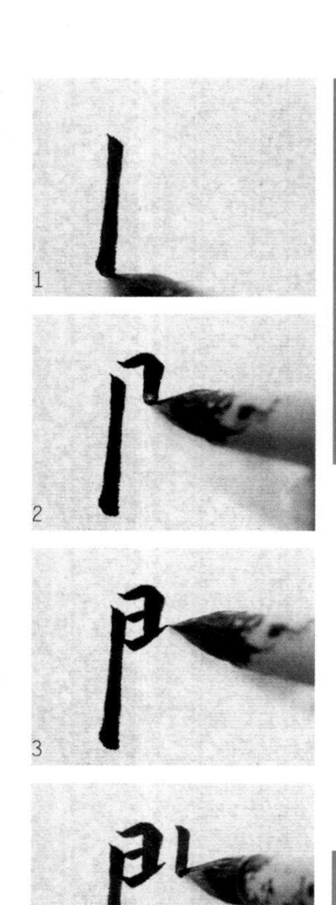

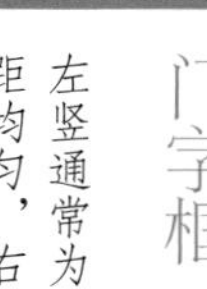

门字框

左竖通常为垂露竖，横画间距均匀，右竖略长于左竖，且较粗，钩较短。

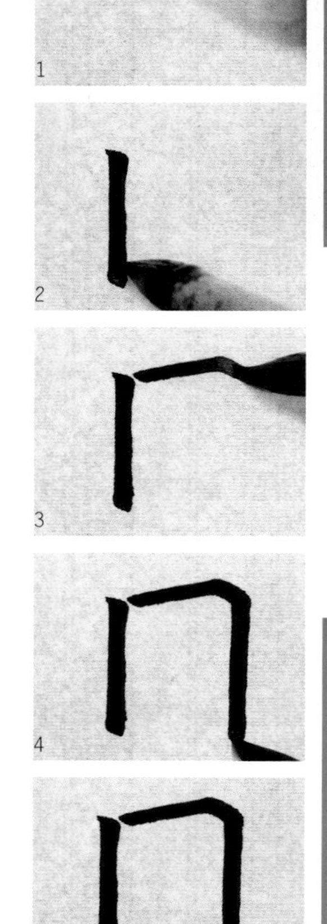

同字框

左竖可作垂露竖，亦可作竖撇，视情况而定。右竖较粗，钩较短。

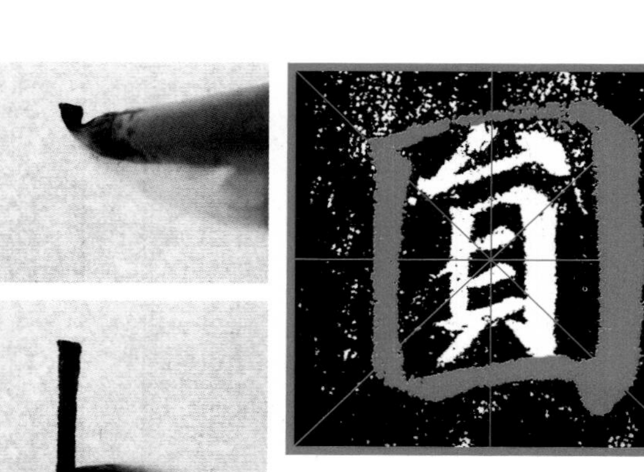

国字框

左竖较短，右竖较长，横较细，右竖最粗。整体呈长方形，有时略长。

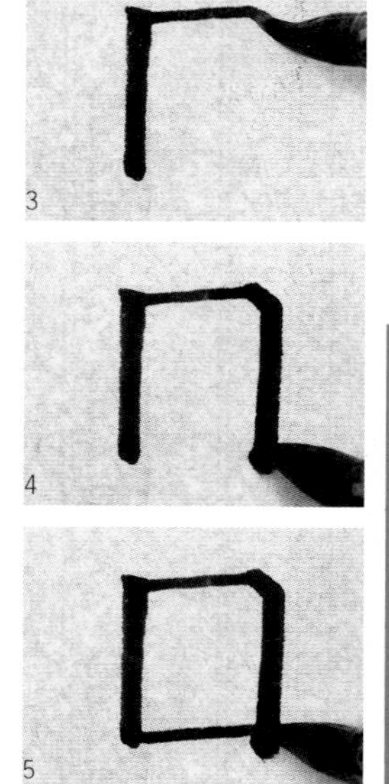

结构篇

《多宝塔碑》的结构体现在横平竖直，穿插匀称，疏密得当。笔画较少的字结构舒朗，主要笔画舒展有力；笔画较多的字则中宫紧密，布局匀称。

左宽右窄

通常情况下，左边部分笔画比较多的字，所占面积相对较多。有的左右等高，如“利”；有的形成错落美，如“彤”。

左窄右宽

左侧偏旁较简单，右侧笔画较多的时候，通常是左窄右宽，如“坤”“塔”。

左右等宽

左右所占面积几乎相同，比例均匀，如“杂”“于”。

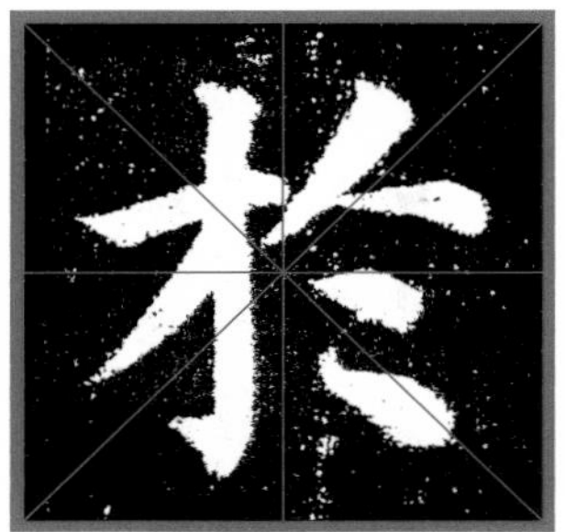

左中右结构

左中右结构的字一般较方，三部分有的等高，有的相互错落，宽窄不一。书写时注意各部分之间的穿插错落关系，如“卿”“微”。

上宽下窄

上面笔画比较多，下面笔画比较少的时候，通常形成上宽下窄的结构，如“普”“贤”。

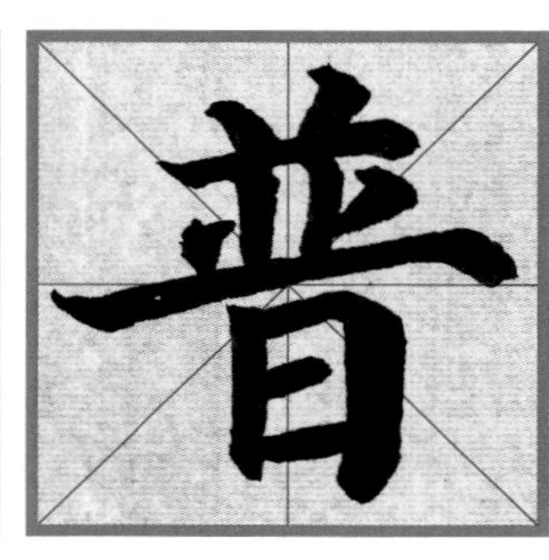

上窄下宽

上面部分笔画较少，下面部分笔画较多时，通常形成上窄下宽的结构，如“息”“盖”。

上短下长

上短下长的字，书写时应注意上面部分尽量收紧，留出空间给下面的部分，以便其伸展，如“资”“负”。

上下等高

上下等高的字，书写时应注意两部分的中心要对正，分布均匀，如“圣”“乐”。

上中下结构

上中下结构的字变化较多，各部分所占的比例也因字而异。无论怎样变化，书写时注意各部分的中心要对正，如“意”“翼”。

半包围结构

半包围结构的字，书写时要注意包围部分与被包围部分的疏密关系，使布局均匀，重心平衡。如“同”“匹”。

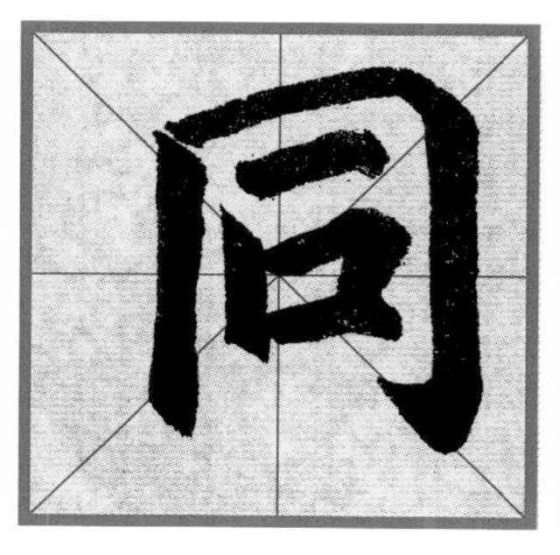

全包围结构

全包围结构的字，书写时要注意左轻右重，左短右长，字内空间分布均匀，字内笔画不宜过重，如“因”“围”。

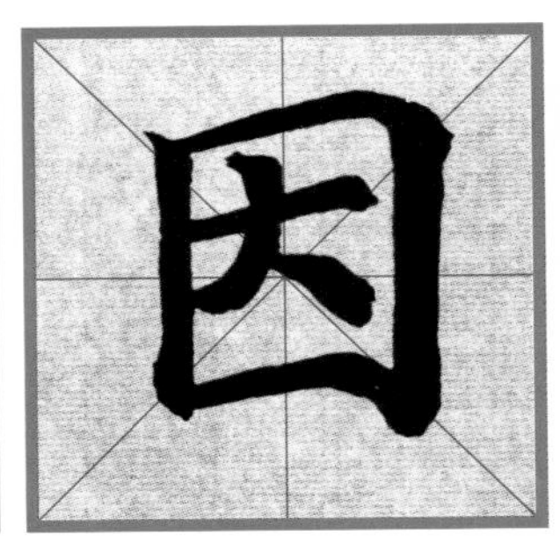

独体字

独体字由基本笔画构成，没有单独的偏旁部首，形态各异，但整体大小均匀，疏密自然，书写时应注意笔画间的呼应关系和整体结构，如“见”“心”等字。

“人”“火”字是以撇和捺相互支撑组成的字，撇捺舒展，相辅相成。

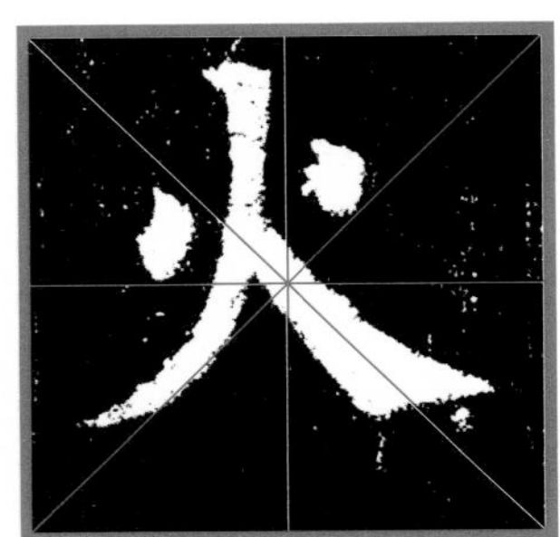

“之”字主要突出其捺画，“而”字上窄下宽，书写时注意横向舒展。

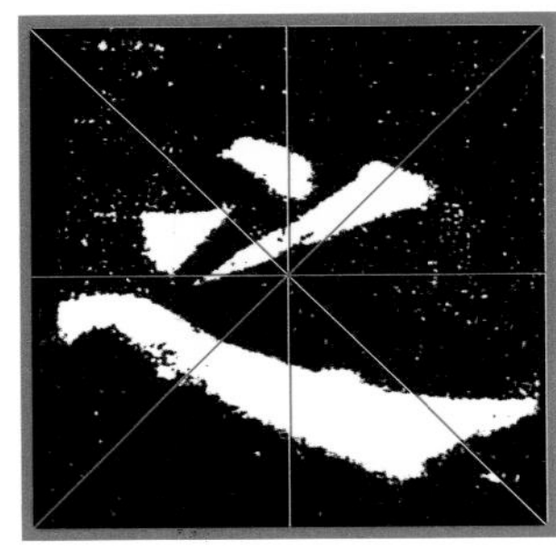
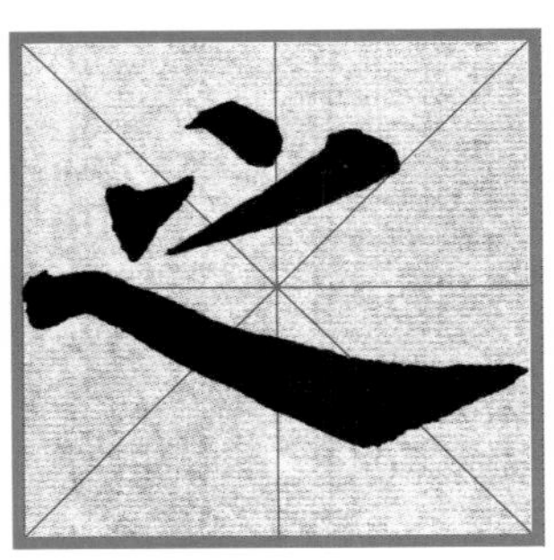

“木”“不”字笔画稀少，结构应疏松伸展，用笔须浑厚饱满，书写时要注意笔画间的对应关系。

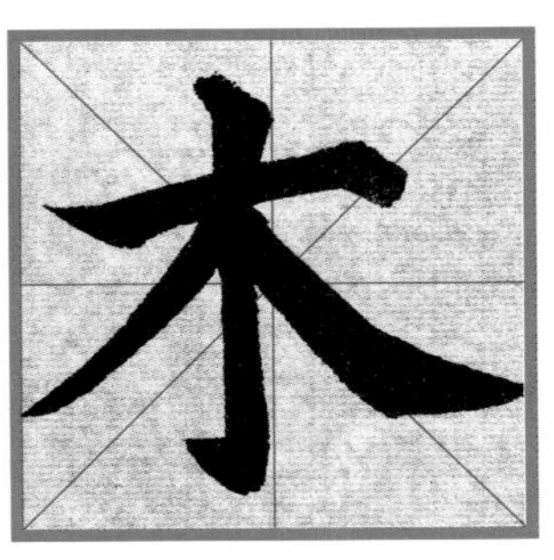

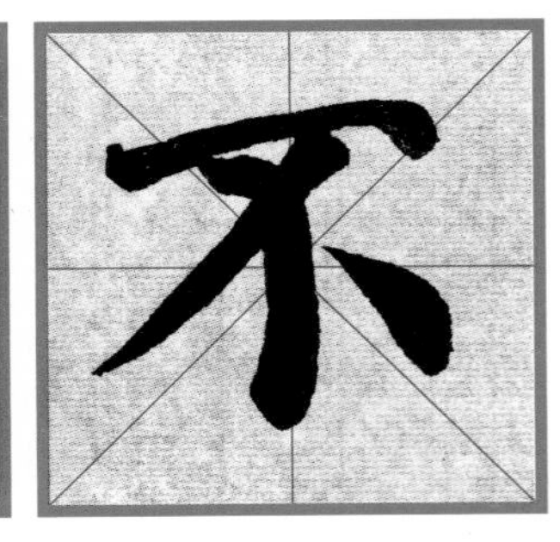

原碑

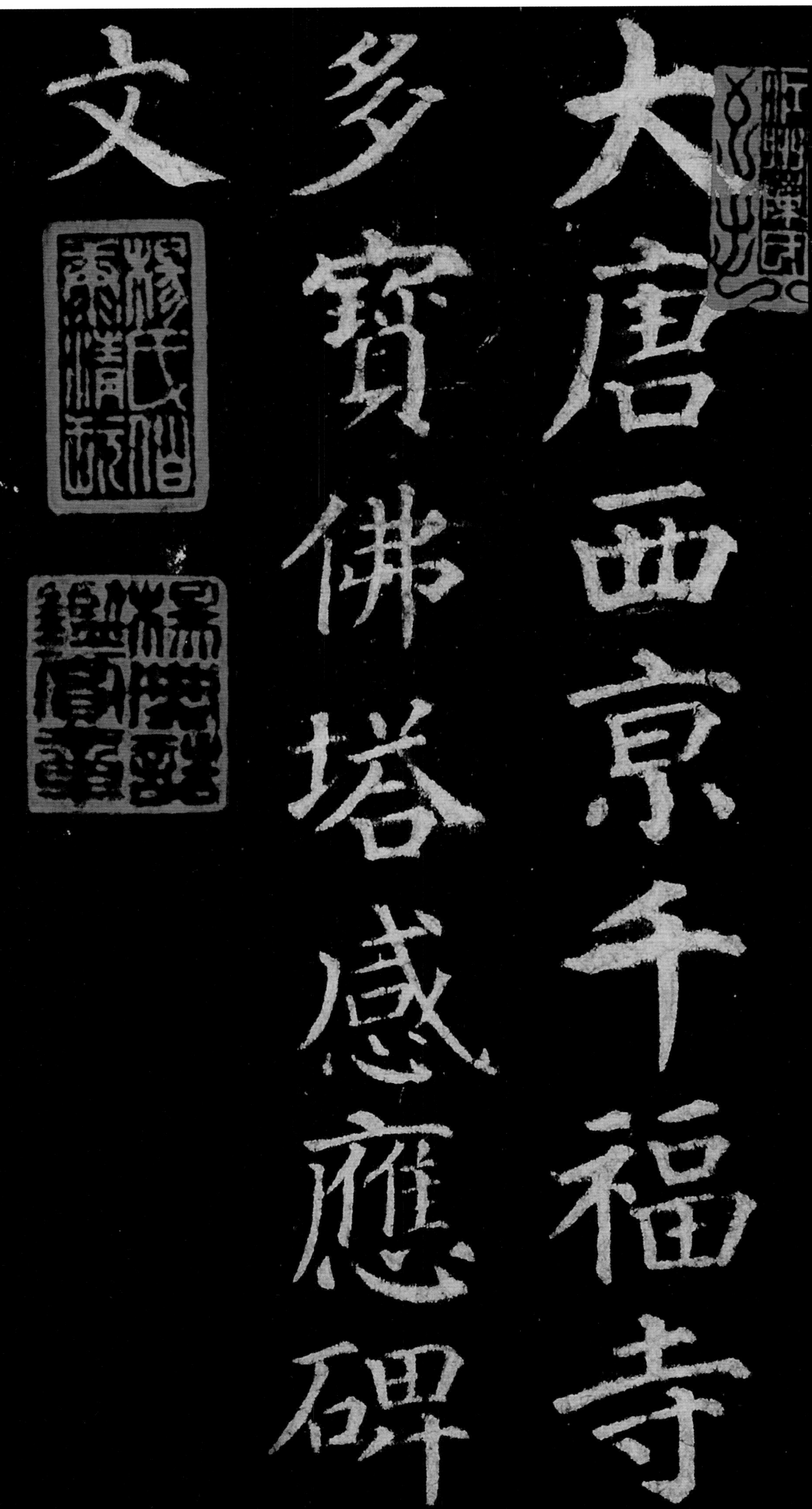
大唐西京千福寺
多寶佛塔感應碑
文

南陽岑勛撰
朝議郎判尚書武
部貟外郎琅邪顏

南阳岑勋撰朝议郎判尚书武部员外郎琅邪颜

真卿書朝散大夫撿校尚書都官郎中東海

真卿书朝散大夫检校尚书都官郎中东海

徐浩题额粤妙法莲华诸佛之秘藏也多宝佛

塔證經之踊現也
發明資乎十力弘
建在於四依有禪

塔证经之踊现也发明资乎十力弘建在于四依有禅

師法號楚金姓程
廣平人也祖父並
信著釋門慶歸法

师法号楚金姓程广平人也祖父并信著释门庆归法

胤母高氏久而無妊夜夢諸佛覺而有娠是生龍象之

胤母高氏久而无妊夜梦诸佛觉而有娠是生龙象之

徵無取熊羆之兆誕彌厥月炳然殊相岐嶷絕於葷茹

征无取熊罴之兆诞弥厥月炳然殊相岐嶷绝于荤茹

齠齔不為童遊道
樹萌牙聳豫章之
楨幹禪池畎澮涵

龆龀不为童游道树萌牙耸豫章之桢干禅池畎浍涵

巨海之波濤年甫
七歲居然猒俗自
誓出家禮藏探經

巨海之波涛年甫七岁居然厌俗自誓出家礼藏探经

法華在手宿命潛悟如識金環總持不遺若注瓶水九

法华在手宿命潜悟如识金环总持不遗若注瓶水九

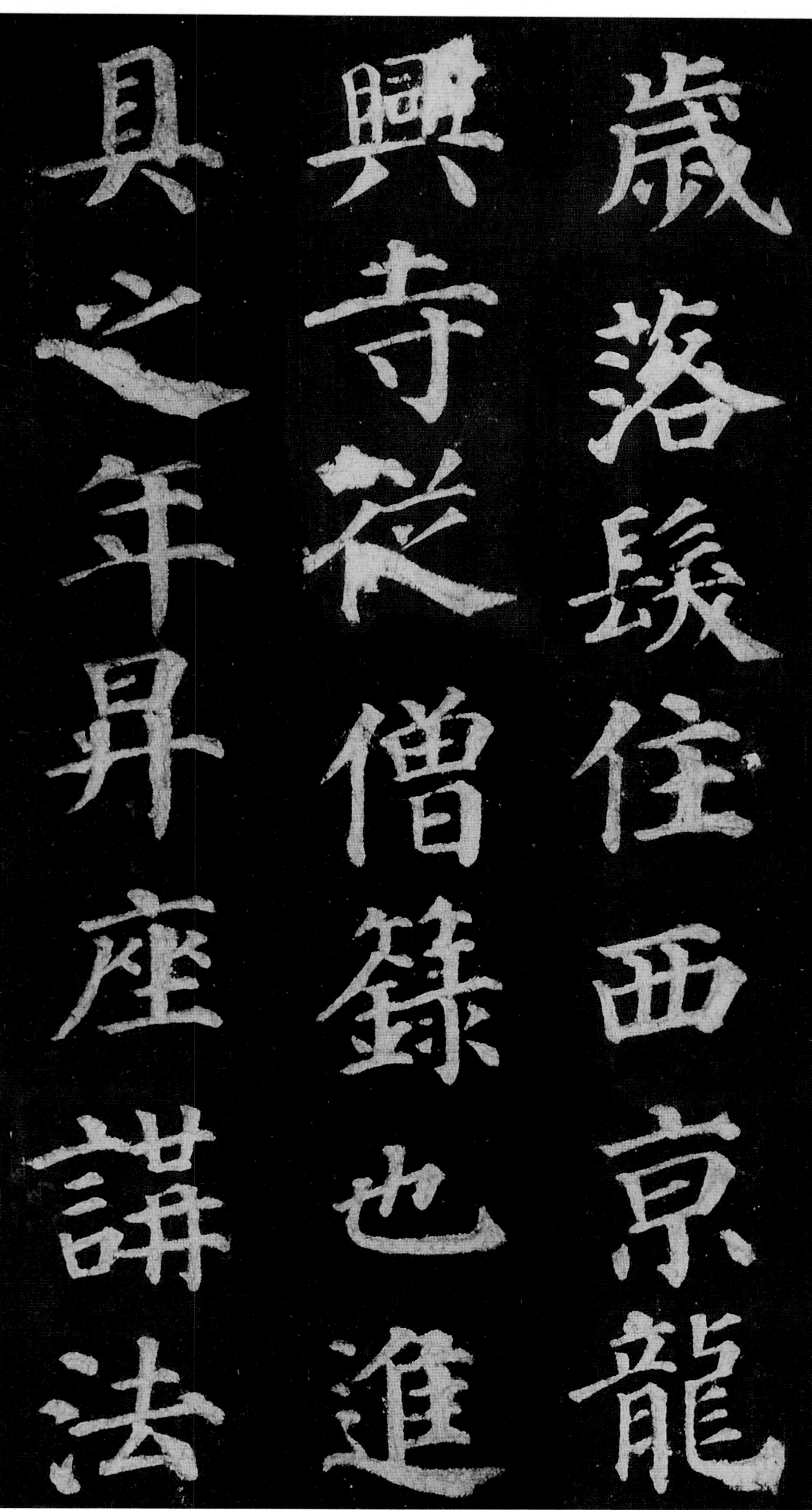

岁落发住西京龙兴寺从僧箓也进具之年升座讲法

頓收珍藏異窮子之疾走直詣寶山無化城而可息爾

顿收珍藏异穷子之疾走直诣宝山无化城而可息尔

後因靜夜持誦至多寶塔品身心泊然如入禪定忽見

后因静夜持颂至多宝塔品身心泊然如入禅定忽见

寶塔宛在目前釋
迦分身遍滿空界
行勤聖現業淨感

宝塔宛在目前释迦分身遍满空界行勤圣现业净感

深悲生悟中泪下如雨遂布衣一食不出户庭期满六

深悲生悟中淚下
如雨遂布衣一食
不出户庭期满六

年誓建兹塔既而许王瓘及居士赵崇信女普意善来

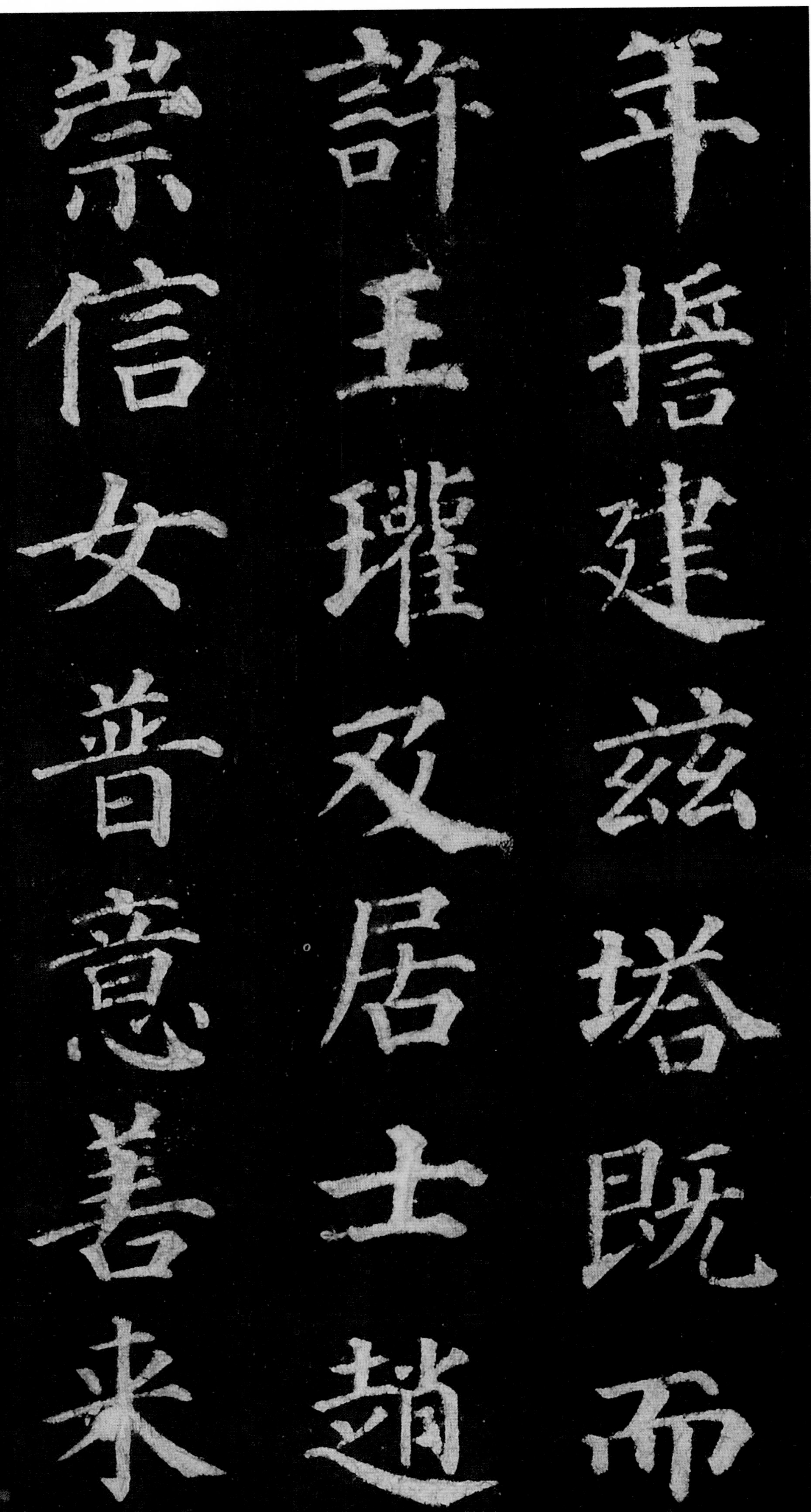

稽首咸捨珍財禪師以為輯莊嚴之因資爽塏之地利

稽首咸舍珍财禅师以为辑庄严之因资爽垲之地利

见千福默议于心时千福有怀忍禅师忽于中夜见有

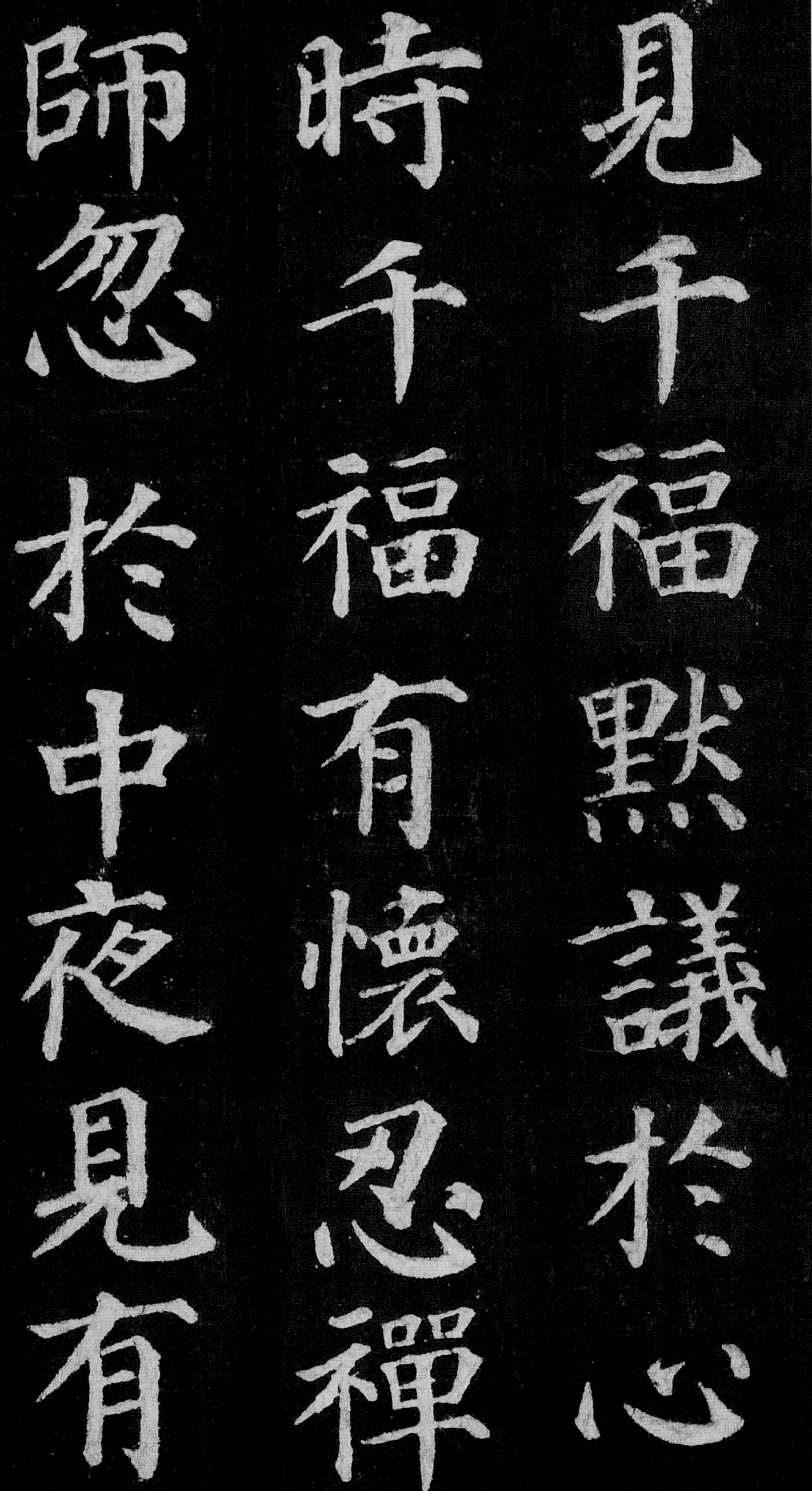

一水發源龍興流
注千福清澄泛灩
中有方舟又見寶

一水发源龙兴流注千福清澄泛滟中有方舟又见宝

塔自空而下久之乃灭即今建塔处也寺内净人名法

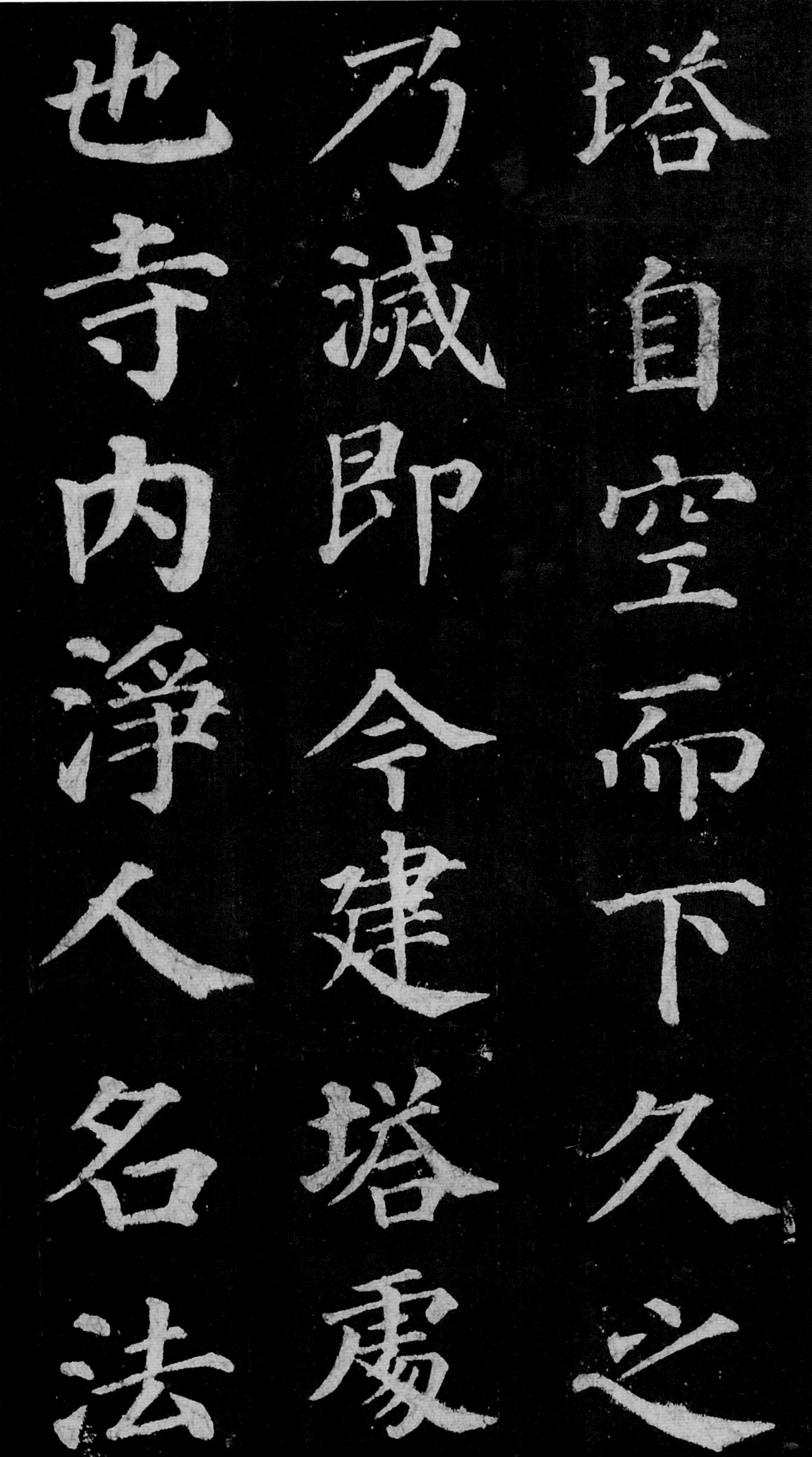

相先於其地復見

燈光遠望則明近

尋即滅竊以水流

相先于其地复见灯光远望则明近寻即灭窃以水流

開於法性舟泛表於慈航塔現兆於有成燈明示於無

开于法性舟泛表于慈航塔现兆于有成灯明示于无

盡非至德精感其孰能與於此及禪師建言雜然歡愜

尽非至德精感其孰能与于此及禅师建言杂然欢惬

負畚荷插于橐于
囊登登憑憑是板
是築灑以香水隱

负畚荷插于橐于囊登登凭凭是板是筑洒以香水隐

以金鎚我能竭誠

工乃用壯禪師每

夜於築階所懇志

以金锤我能竭诚工乃用壮禅师每夜于筑阶所恳志

誦經勵精行道衆
聞天樂咸嗅異香
喜歎之音聖凡相

诵经励精行道众闻天乐咸嗅异香喜叹之音圣凡相

半至天寶元載創

構材木肇安相輪

禪師理會佛心感

半至天宝元载创构材木肇安相轮禅师理会佛心感

通帝梦七月十三日敕内侍赵思侃求诸宝坊验以所

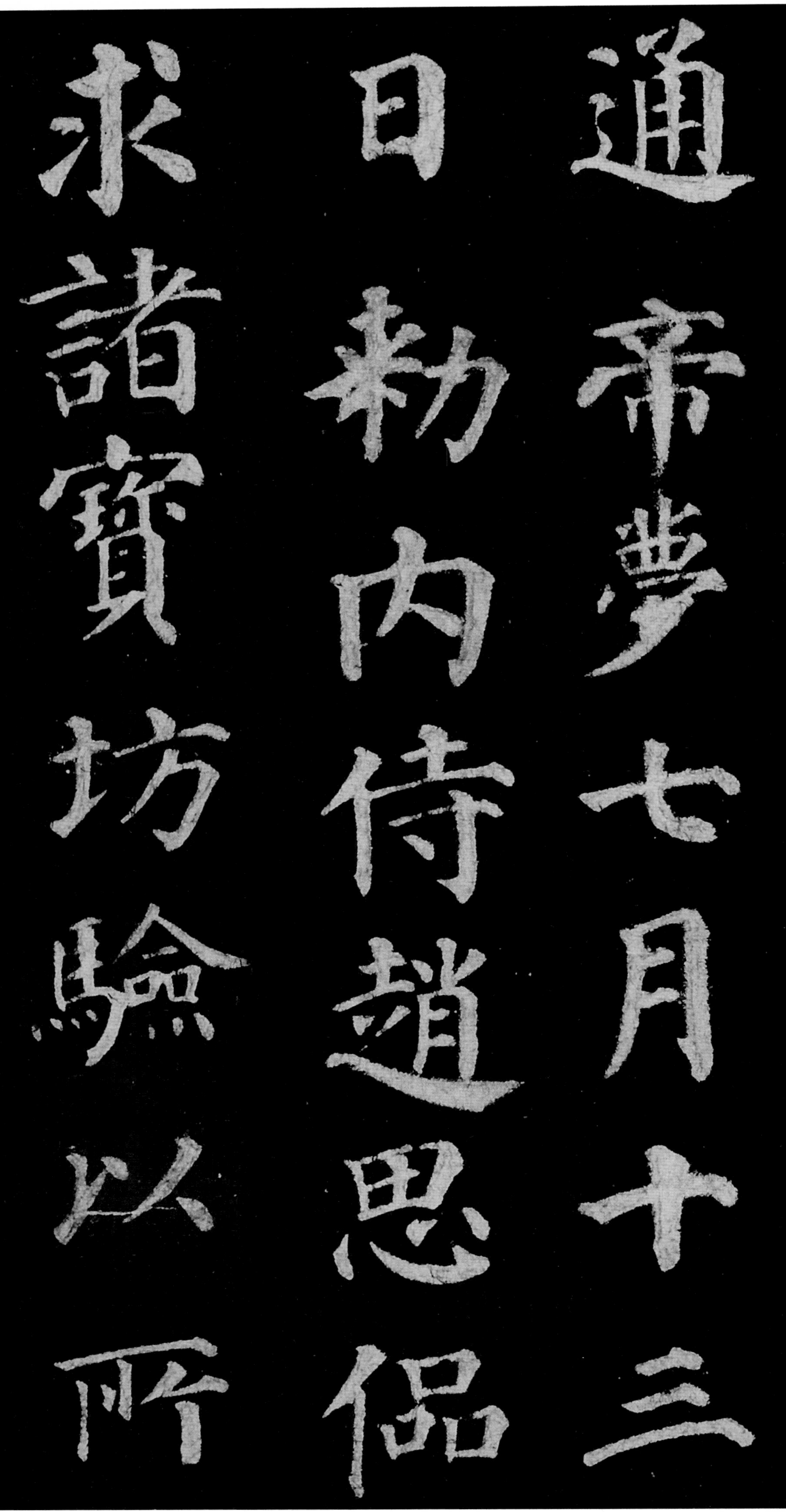

夢入寺見塔禮問
禪師聖夢有孚法
名惟肖其日賜錢

梦入寺见塔礼问禅师圣梦有孚法名惟肖其日赐钱

五十萬絹千匹助
建修也則知精一
之行雖先天而

五十万绢千匹助建修也则知精一之行虽先天而

不違純如之心當後佛之授記昔漢明永平之日大化

不违纯如之心当后佛之授记昔汉明永平之日大化

初流我皇天寶之年寶塔斯建同符千古昭有

初流我皇天宝之年宝塔斯建同符千古昭有

烈光於時道俗景
附檀施山積庀徒
度財功百其倍矣

烈光于时道俗景附檀施山积庀徒度财功百其倍矣

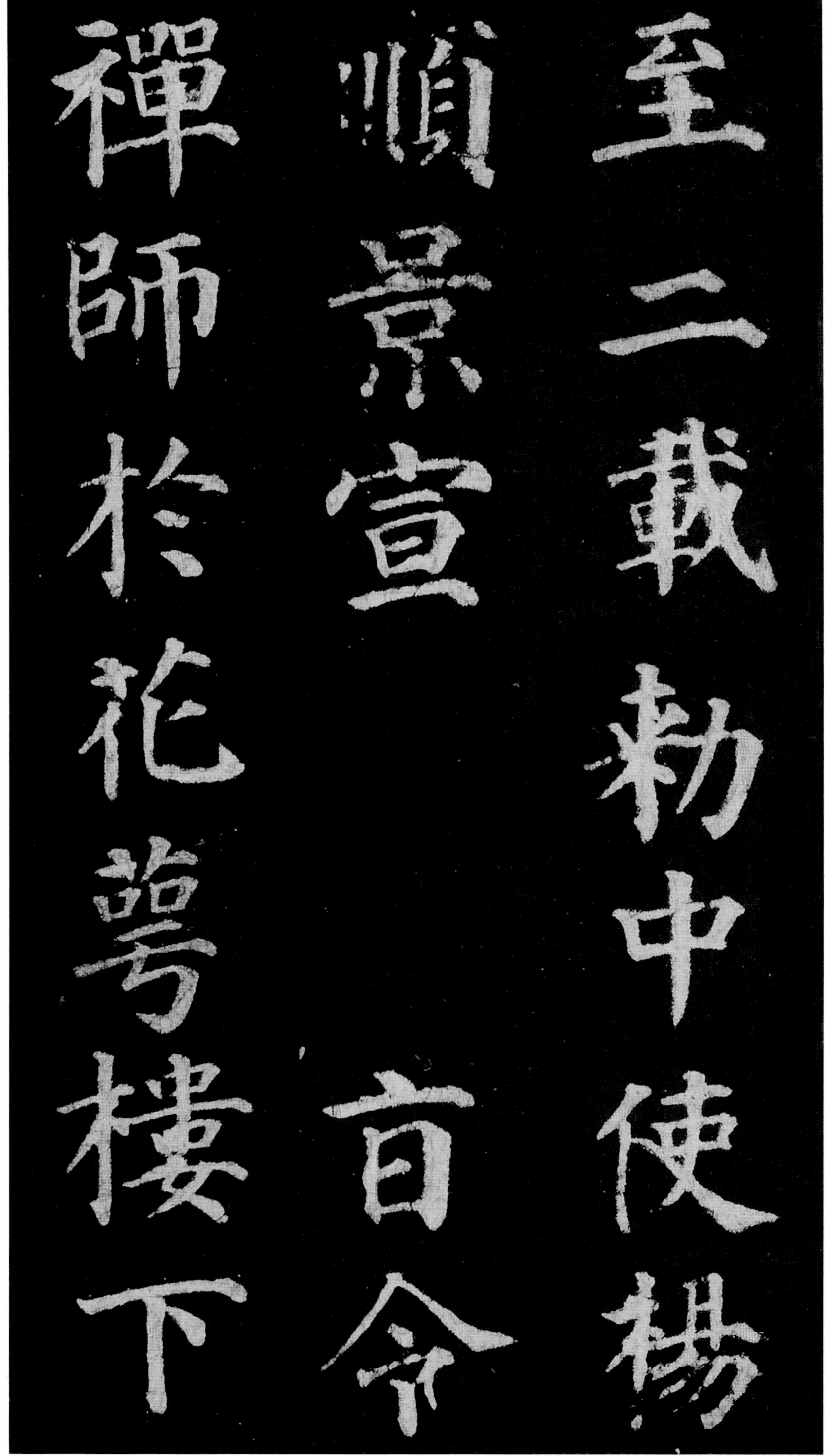

至二载敕中使杨顺景宣旨令禅师于花萼楼下

迎多寶塔額遂摠僧事備法儀宸睠俯臨額書下

迎多宝塔额遂总僧事备法仪宸眷俯临额书下

降又賜絹百疋
聖札飛毫動雲龍
之氣象天文挂塔

降又赐绢百匹圣札飞毫动云龙之气象天文挂塔

駐日月之光輝至四載塔事將就表請慶齋歸功

驻日月之光辉至四载塔事将就表请庆斋归功

帝力時僧道四部會逾萬人有五色雲團輔塔頂衆盡

帝力时僧道四部会逾万人有五色云团辅塔顶众尽

瞻覩莫不崩悦大
哉觀佛之光利用
賓于法王禪師謂

瞻睹莫不崩悦大哉观佛之光利用宾于法王禅师谓

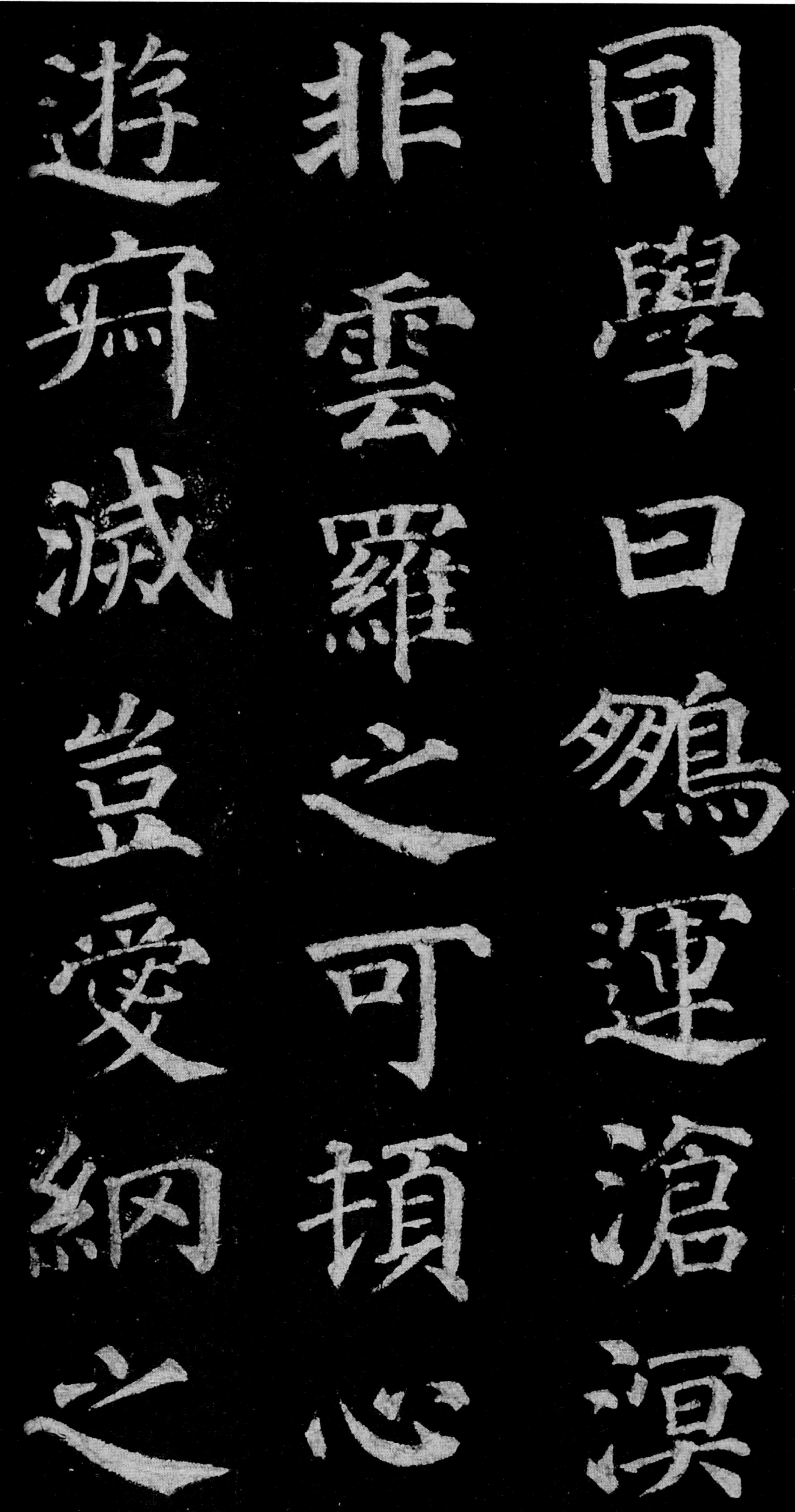

同学曰鹏运沧溟非云罗之可顿心游寂灭岂爱网之

能加精進法門菩
薩以自强不息本
期同行復遂宿心

能加精进法门菩萨以自强不息本期同行复遂宿心

鑿井見泥去水不遠鑽木未熱得火何階凡我七僧聿

凿井见泥去水不远钻木未热得火何阶凡我七僧聿

懷一志晝夜塔下誦持法華香煙不斷經聲遞續烔以

怀一志昼夜塔下诵持法华香烟不断经声递续炯以

为常没身不替自三载每春秋二时集同行大德四十

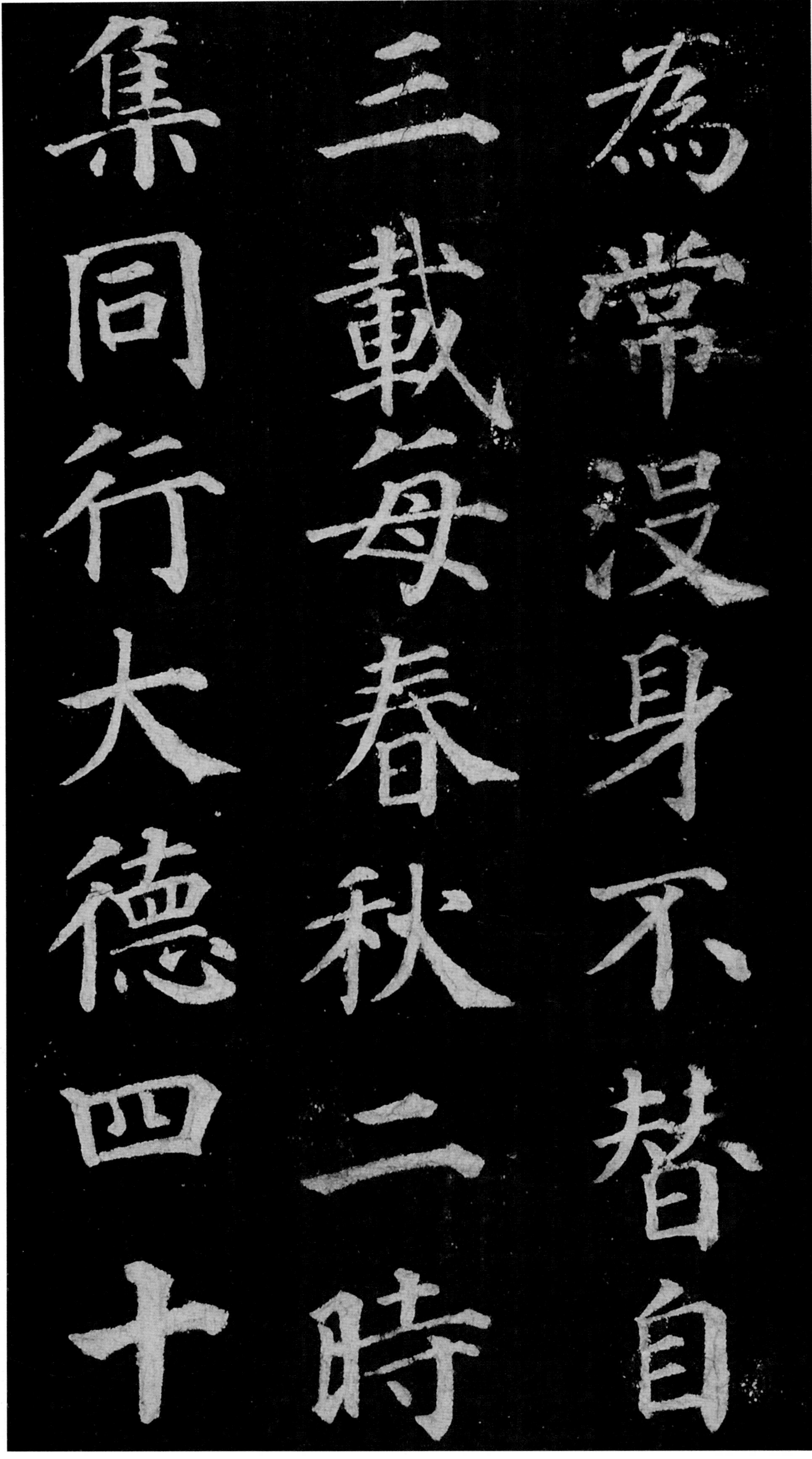

九人行法華三昧

尋奉　恩旨許

為恒式前後道場

九人行法华三昧寻奉恩旨许为恒式前后道场

所感舍利凡三千七十粒至六载欲葬舍利预严道场

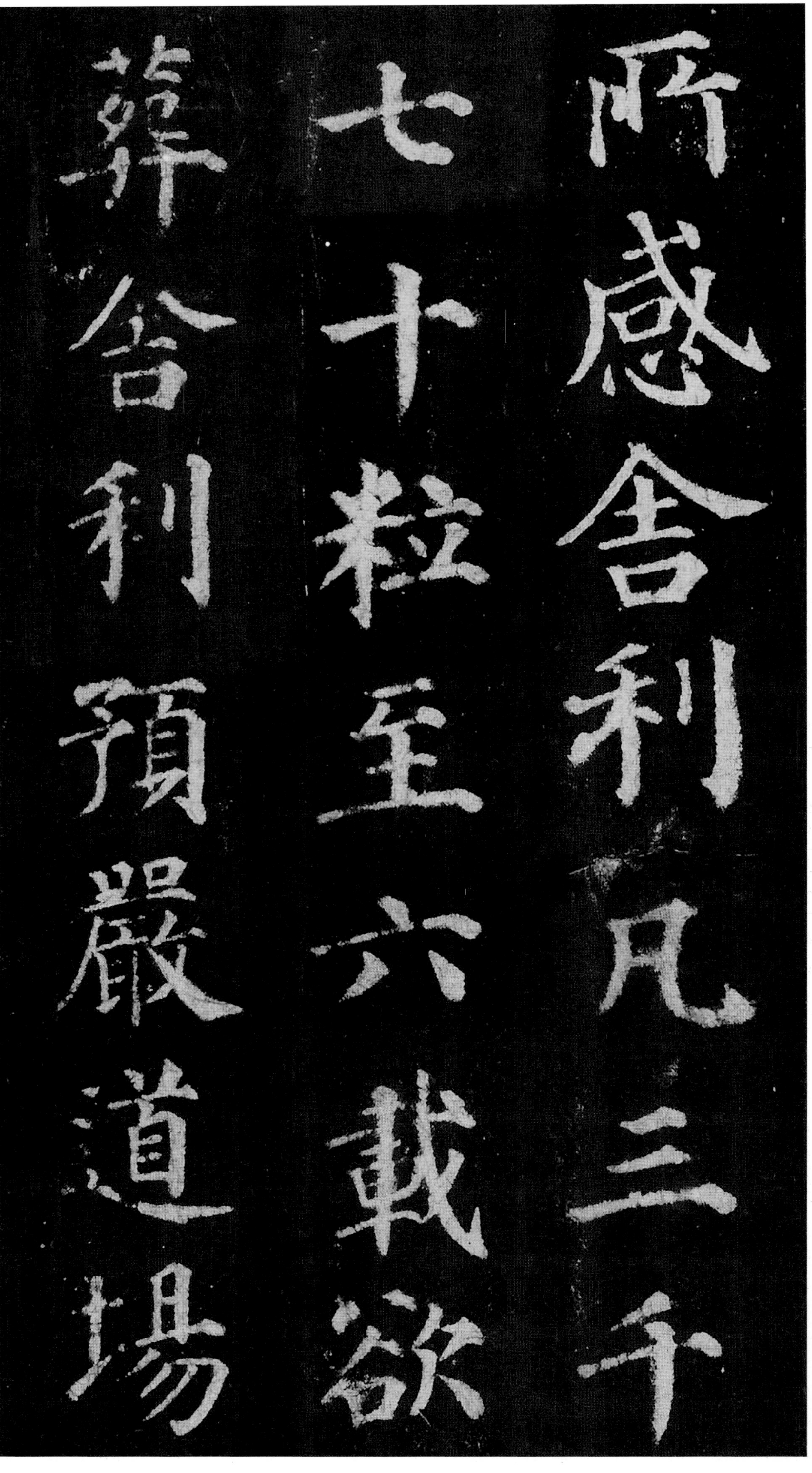

又降一百八粒畫普賢變於筆鋒上聯得一十九粒莫

又降一百八粒画普贤变于笔锋上联得一十九粒莫

不圓體自動浮光
瑩然禪師無我觀
身了空求法先剌

不圆体自动浮光莹然禅师无我观身了空求法先刺

血写法华经一部菩萨戒一卷观普贤行经一卷乃取

舍利三千粒盛以石函兼造自身石影跪而戴之同置

舍利三千粒盛以
石函兼造自身石
影跪而戴之同置

塔下表至敬也使
夫舟遷夜壑無變
度門劫筭墨塵永

塔下表至敬也使夫舟迁夜壑无变度门劫算墨尘永

垂貞範又奉為主上及蒼生寫妙法蓮華經一千部

垂贞范又奉为主上及苍生写妙法莲华经一千部

金字三十六部用
鎮寶塔又寫一千
部散施受持靈應

金字三十六部用镇宝塔又写一千部散施受持灵应

既多具如本傳其
載勑內侍吳
懷實賜金銅香鑪

既多具如本传其载敕内侍吴怀实赐金铜香炉

高一丈五尺奉表
陳謝手詔批云師
弘濟之願感達人

高一丈五尺奉表陈谢手诏批云师弘济之愿感达人

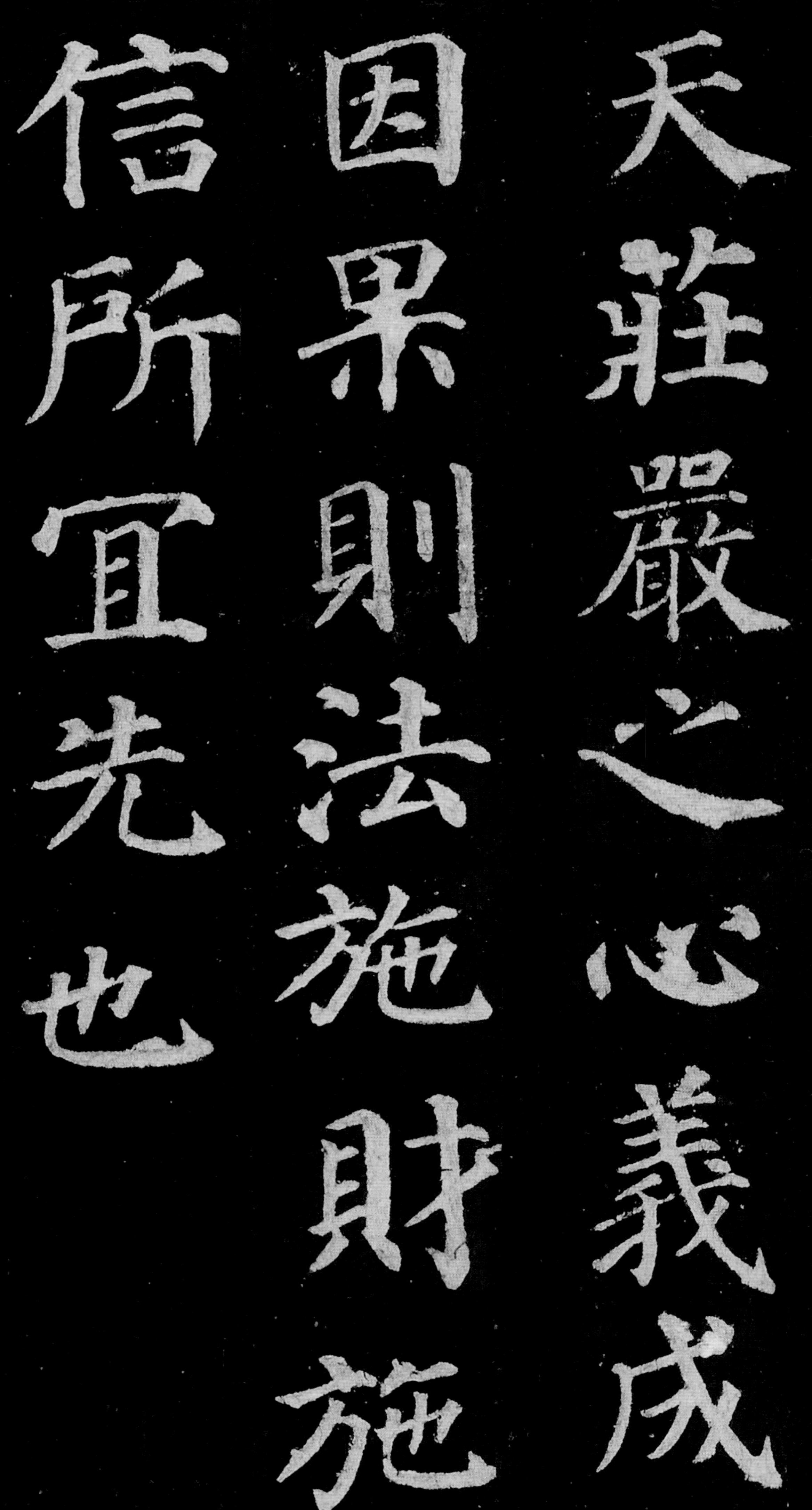

天庄严之心义成因果则法施财施信所宜先也

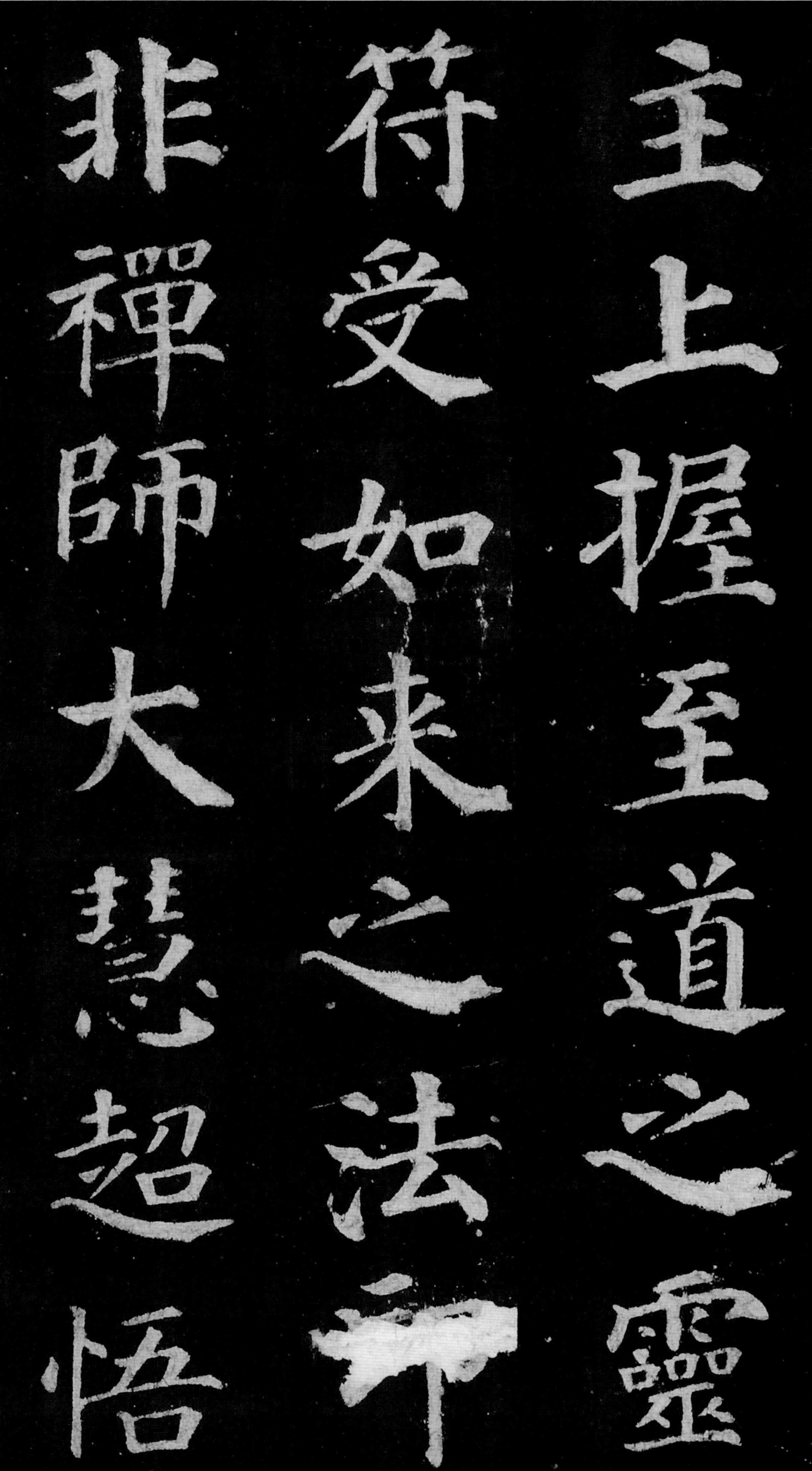

主上握至道之灵符受如来之法印非禅师大慧超悟

無以感於宸
衷非主上至聖文
明無以鑒於誠願

无以感于宸衷非主上至圣文明无以鉴于诚愿

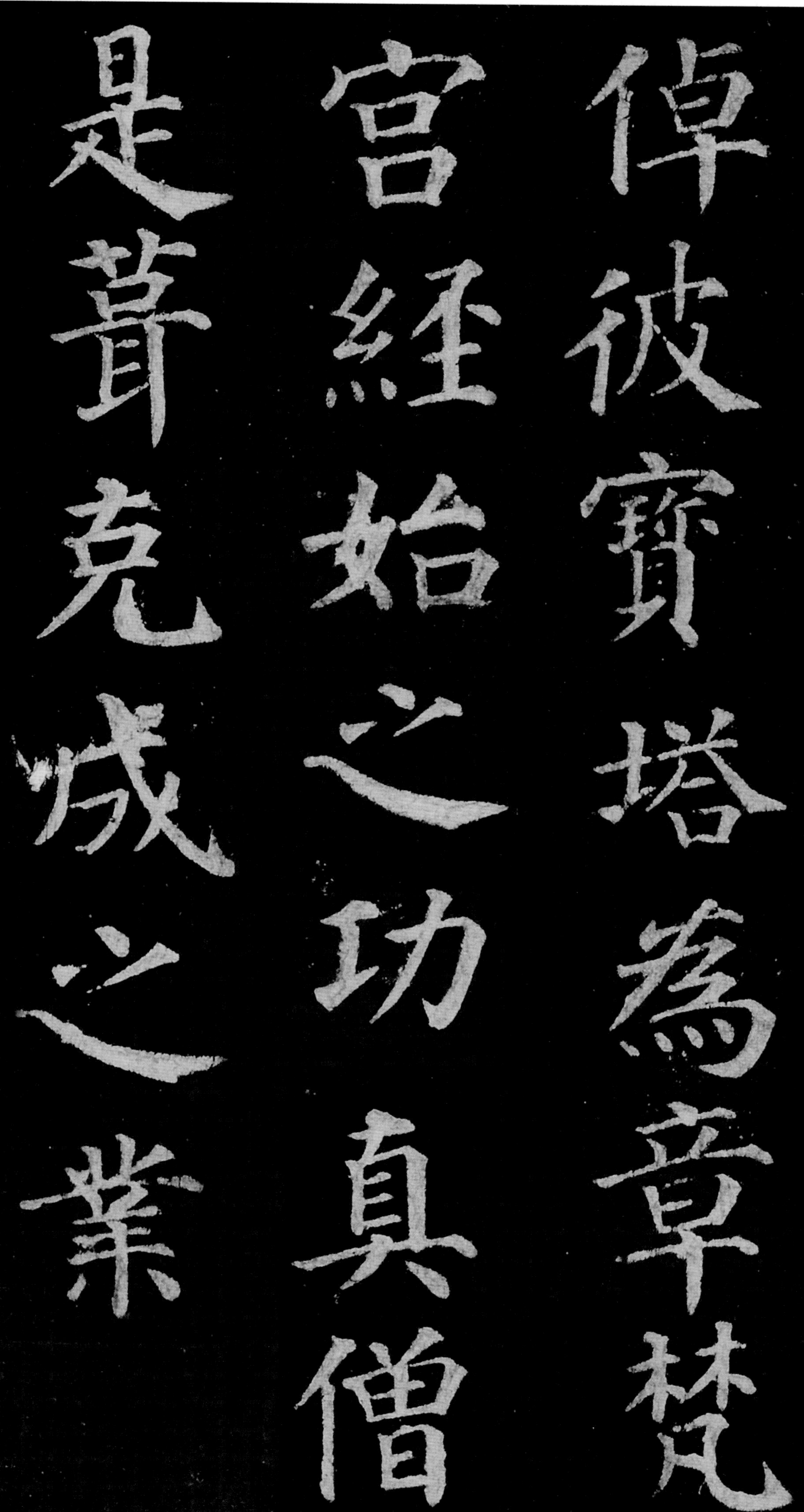

倬彼宝塔为章梵宫经始之功真僧是葺克成之业

聖主斯崇尔其為

狀也則岳聳蓮披

雲垂蓋偃下欻崛

圣主斯崇尔其为状也则岳耸莲披云垂盖偃下欻崛

以踊地上亭盈而
媚空中晻晻其静
深旁赫赫以弘敞

以踊地上亭盈而媚空中晻晻其静深旁赫赫以弘敞

磌碱承陛琅玕綷
檻玉瑱居楹銀黃
拂戶重簷疊於畫

磌碱承陛琅玕綷槛玉瑱居楹银黄拂户重檐叠于画

栱反宇環其壁璫坤靈贔屓以負砌天祇儷雅而翊戶

栱反宇环其壁珰坤灵赑屃以负砌天祇俨雅而翊户

或復肩拏摯鳥肘
擐脩虵冠盤巨龍
帽抱猛獸勃如戰

或复肩拿挚乌肘擐修蛇冠盘巨龙帽抱猛兽勃如战

色有奭其容窮繪

事之筆精選朝英

之偈贊若乃開扃

色有奭其容穷绘事之笔精选朝英之偈赞若乃开扃

鐍窺奧秘二尊分座疑對鷲山千帙發題若觀龍藏金

鐍窥奥秘二尊分座疑对鹫山千帙发题若观龙藏金

碧炅晃環珮葳蕤
至於列三乘分八
部聖徒翕習佛事

碧炅晃环佩葳蕤至于列三乘分八部圣徒翕习佛事

森罗方寸千名盈尺万象大身现小广座能卑须弥之

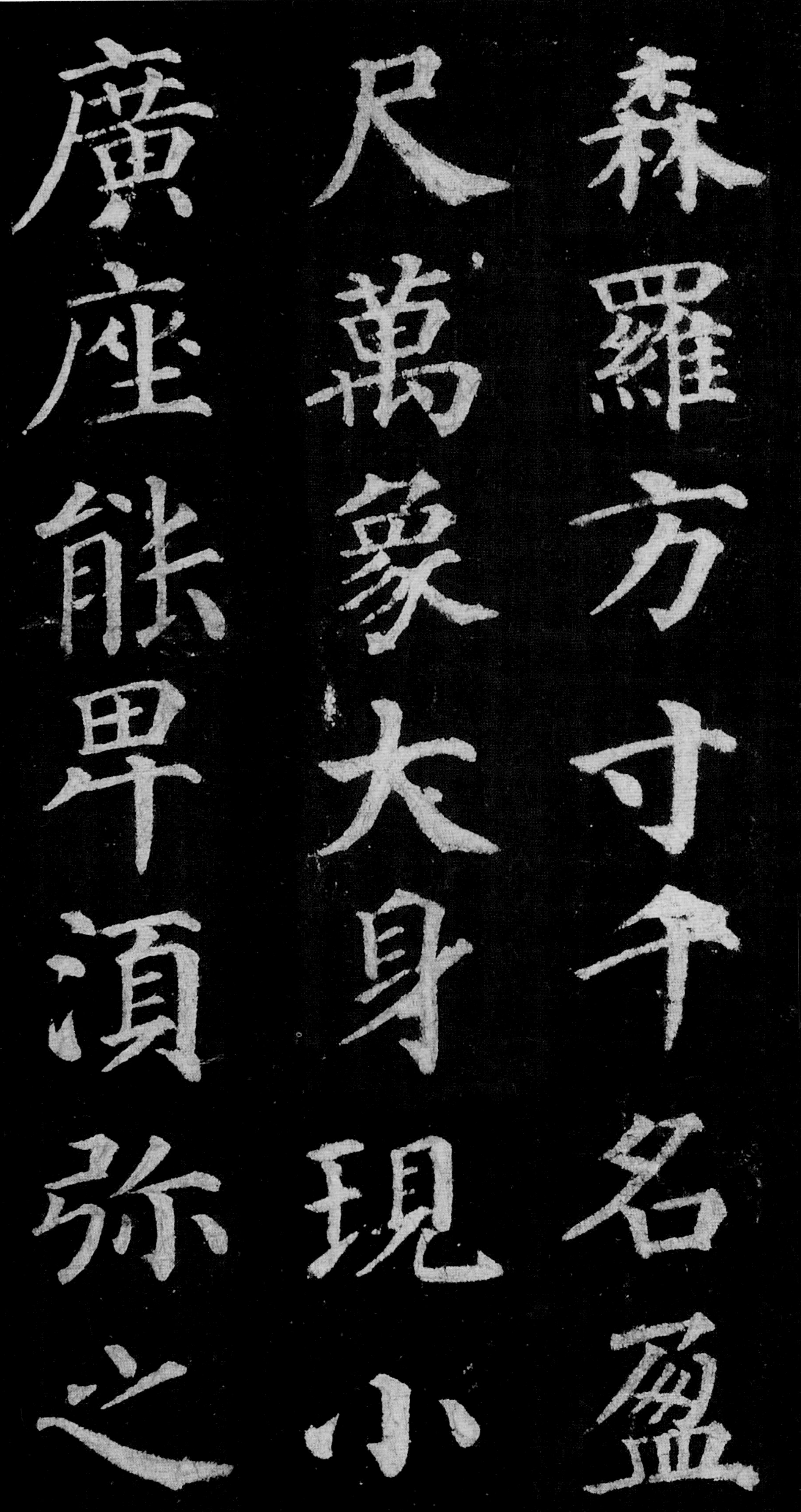

容欻入芥子寶蓋之狀頓覆三千昔衡岳思大禪師以

容欻入芥子宝盖之状顿覆三千昔衡岳思大禅师以

法華三昧傳悟天台智者尔来寂寥罕契真要法不可

法华三昧传悟天台智者尔来寂寥罕契真要法不可

以久廢生我禪師
克嗣其業繼明二
祖相望百年夫其

以久废生我禅师克嗣其业继明二祖相望百年夫其

法华之教也开玄关于 一念照圆镜于十方指阴界为

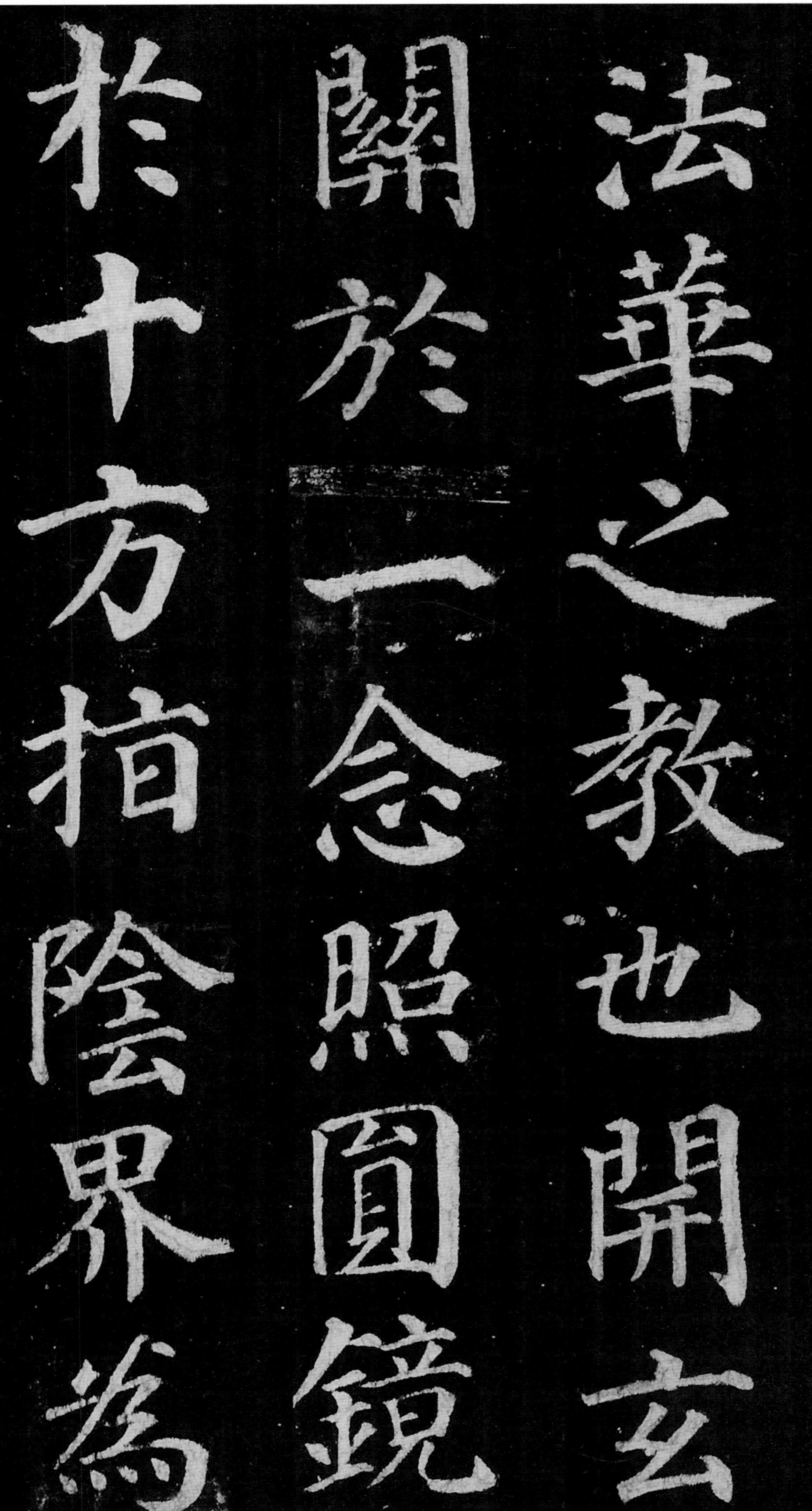

妙門駈塵勞為法侶聚沙能成佛道合掌巳入聖流三

妙门駈尘劳为法侣聚沙能成佛道合掌已入圣流三

乘教門總而歸一

八萬法藏我爲最

雄譬猶滿月麗天

乘教门总而归一八万法藏我为最雄譬犹满月丽天

螢光列宿山王映
海蟻垤羣峯嵯乎
三界之沉寂久矣

萤光列宿山王映海蚁垤群峰嗟乎三界之沉寂久矣

佛以法華爲木鐸
惟我禪師超然深
悟其皃也岳瀆之

佛以法华为木铎惟我禅师超然深悟其貌也岳渎之

秀冰雪之姿果唇貝齒蓮目月面望之厲即之温睹相

秀冰雪之姿果唇贝齿莲目月面望之厉即之温睹相

未言而降伏之心已过半矣同行禅师抱玉飞锡袭衡

台之秘躅传止观之精义或名高帝选或行密众师

共弘开示之宗尽契圆常之理门人苾刍如岩灵悟净

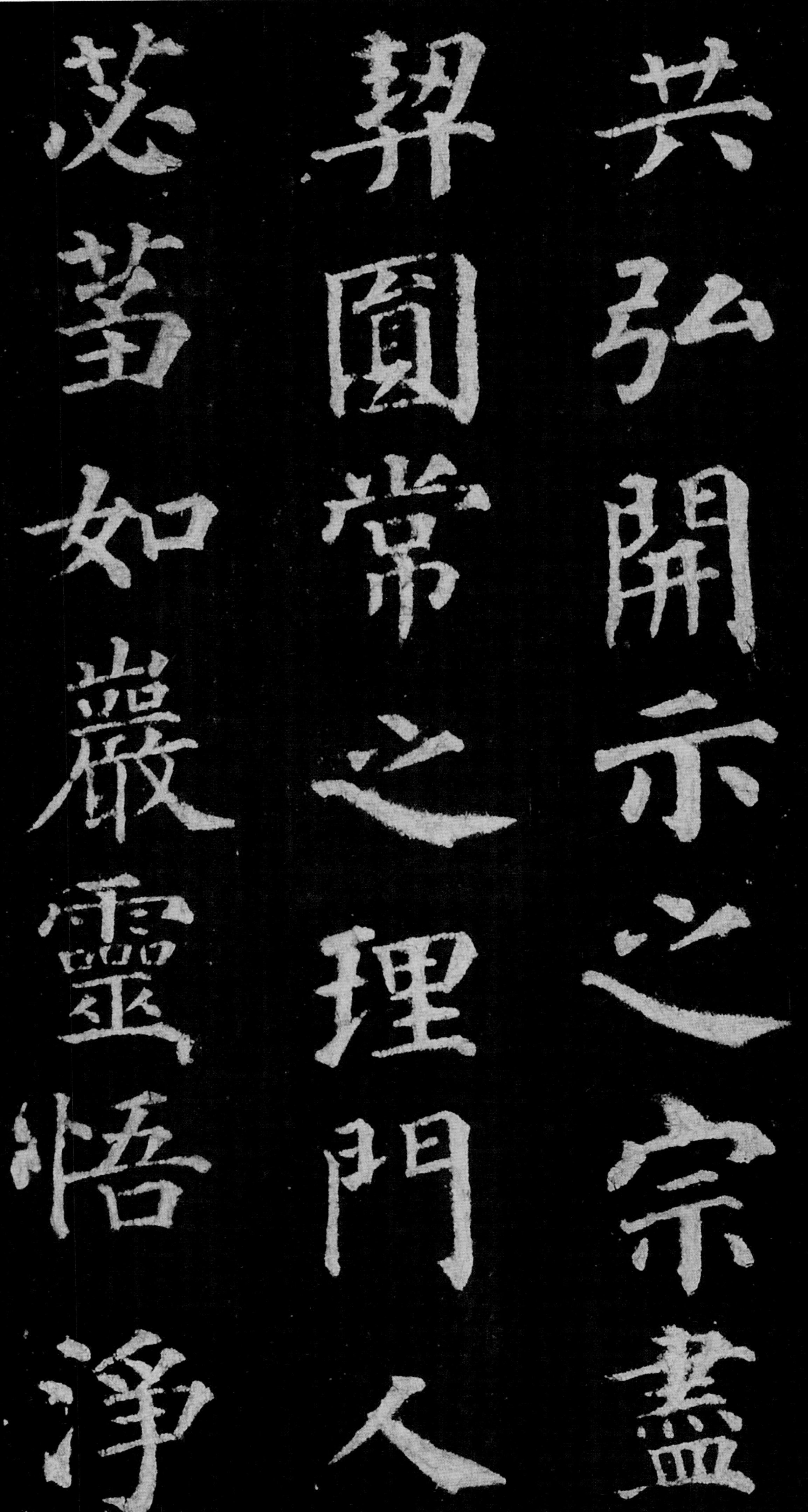

真真空法济等以定慧为文质以戒忍为刚柔含朴玉

之光輝等旃檀之
圍繞夫發行者因
因圓則福廣起因

之光辉等旃檀之围绕夫发行者因因圆则福广起因

者相相遺則慧深
求無為於有為通
解脫於文字舉事

者相相遗则慧深求无为于有为通解脱于文字举事

徵理含毫强名偈曰佛有妙法比象蓮華圓頓深入真

征理含毫强名偈曰佛有妙法比象莲华圆顿深入真

淨無瑕慧通法界
福利恒沙直至寶
所俱乘大車其一於

净无瑕慧通法界福利恒沙直至宝所俱乘大车其一於

戲上士發行正勤
緬想寶塔思弘勝
因圓階已就層覆

戏上士发行正勤缅想宝塔思弘胜因圆阶已就层覆

初陳乃昭
帝夢福應天人其二
輪奂斯崇爲章淨

初陈乃昭帝梦福应天人其二轮奂斯崇为章净

域真僧草創
聖主增飾中座眈
眈飛簷翼翼荐臻

域真僧草创圣主增饰中座眈眈飞檐翼翼荐臻

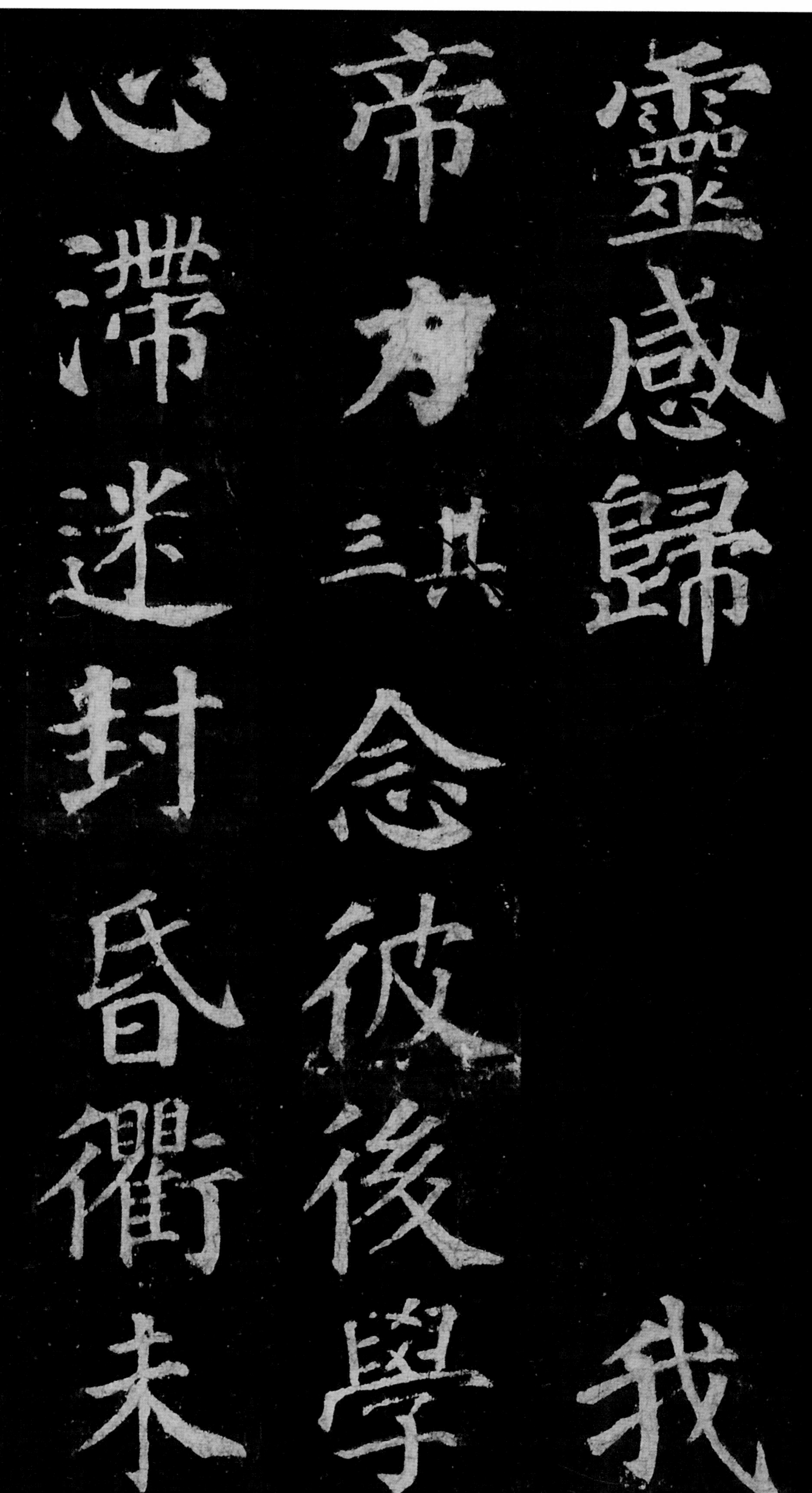

灵感归我帝力其三念彼后学心滞迷封昏衢未

曉中道難逢常驚
夜杌還懼真龍不
有禪伯誰明大宗

晓中道难逢常惊夜杌还惧真龙不有禅伯谁明大宗

其四大海吞流崇山
納壤教門稱頓慈
力能廣功起聚沙

其四大海吞流崇山纳壤教门称顿慈力能广功起聚沙

德成合掌开佛知见法为无上其五情尘虽杂性海无漏

定养圣胎染生迷縠断常起缚空色同谬蒼卜现前馀

香何嗅六其彤彤法
宇緊我四依事該
理暢玉粹金輝慧

香何嗅其六彤彤法宇緊我四依事该理畅玉粹金辉慧

鏡無垢慈燈照微空王可託本願同歸其七

镜无垢慈灯照微空王可托本愿同归其七

天宝十一载岁次壬辰四月乙丑朔廿二日戊戌建敕

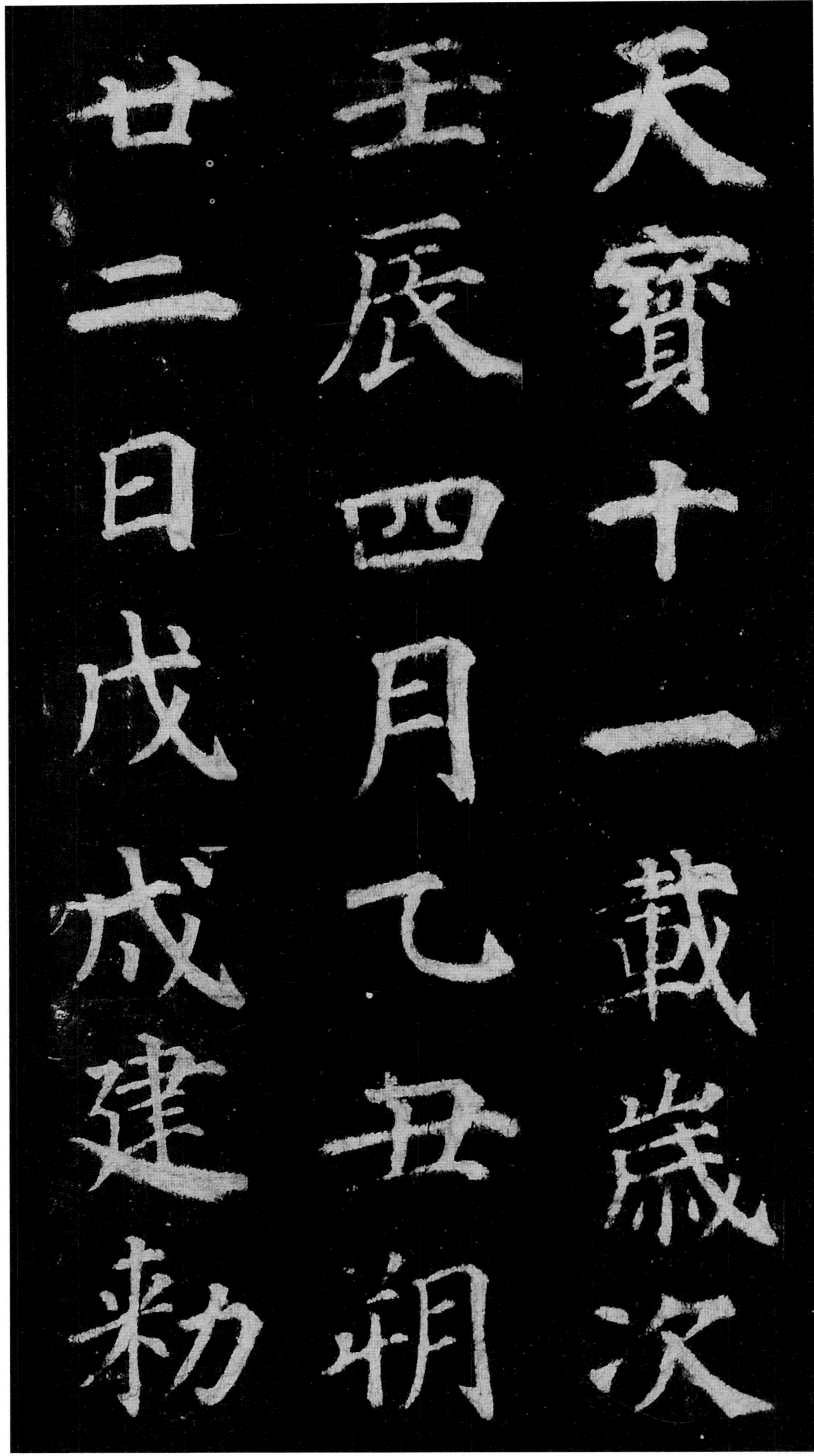

撿校塔使正議大夫行內侍趙思偘判官內府丞車冲

检校塔使正议大夫行内侍赵思偘判官内府丞车冲

检校僧义方河南史华〔刻〕